George Picot

Les garanties de nos libertés

essai

 Le code de la propriété intellectuelle du 1er juillet 1992 interdit en effet expressément la photocopie à usage collectif sans autorisation des ayants droit. Or, cette pratique s'est généralisée dans les établissements d'enseignement supérieur, provoquant une baisse brutale des achats de livres et de revues, au point que la possibilité même pour les auteurs de créer des œuvres nouvelles et de les faire éditer correctement est aujourd'hui menacée. En application de la loi du 11 mars 1957, il est interdit de reproduire intégralement ou partiellement le présent ouvrage, sur quelque support que ce soit, sans autorisation de l'Éditeur ou du Centre Français d'Exploitation du Droit de Copie , 20, rue Grands Augustins, 75006 Paris.

ISBN : 978-1539740254

10 9 8 7 6 5 4 3 2 1

George Picot

Les garanties de nos libertés

essai

Table de Matières

La liberté individuelle   **6**

La liberté électorale   32

La liberté individuelle

Nous vivons en vérité, dans une étrange quiétude. Les lois pénales, dont l'application est destinée à faire régner l'ordre dans la société, qui punissent la violence contre les propriétés et les personnes, qui frappent le voleur, l'escroc et le faussaire, qui châtient celui qui blesse aussi bien que celui qui tue, ces lois qui semblent avoir tout prévu, n'ont rien établi d'efficace contre les atteintes portées au préjudice du citoyen au nom de l'État ou de ses mandataires. Qu'un voisin usurpe son champ, le propriétaire est assuré de trouver des juges. Qu'un incendiaire mette le feu à son bois, qu'une bande pille sa maison, il appelle les gendarmes, qui accourent à son aide, et la certitude qu'il a de les voir accourir est le caractère propre d'une société réglée. Mais, qu'il s'agisse d'un délégué de l'autorité, d'un commissaire de police agissant par ordre supérieur, que ce fonctionnaire s'empare d'un immeuble, l'occupe, ou le ferme, appose les scellés et enlève les clefs, qu'il procède à une arrestation, qu'il opère une visite domiciliaire, qu'il emporte les papiers les plus intimes, les lettres les plus précieuses ou les plus banales, qu'il saisisse toute une correspondance à la poste, qu'il éveille par ses actes les soupçons les plus injurieux et porte un préjudice considérable à la réputation ou aux affaires, le citoyen lésé ne pourra invoquer que des textes douteux, une jurisprudence contestée, et la réparation, s'il peut jamais l'obtenir, sera aussi tardive qu'inefficace.

C'est là une situation intolérable, et qui, pourtant, se prolonge depuis un siècle. Il est plus que temps de l'examiner, en indiquant son origine ; en constatant la nature du mal ; et en recherchant, surtout, le remède qu'il comporte.

I

Ceux de nos contemporains qui protestent contre les actes dont nous sommes témoins, depuis un an, obéissent à l'indignation la plus légitime et accomplissent un devoir. Ils ont raison de dire que jamais le pouvoir n'a agi avec plus de brutalité ; que les projets de lois sont inspirés et imposés par l'esprit sectaire ; que, grâce à de misérables raffinements, la procédure parlementaire, destinée à protéger la liberté de discussion, est mise en œuvre pour l'étouffer ; que le Parlement, transformé en cour de justice, refuse le droit d'être défendus à ceux qu'une majorité intolérante a d'avance condamnés ; que les lois, votées avec une coupable étourderie, contiennent des pièges ; que le gouvernement, non content d'obtenir des Chambres des lois violentes, en aggrave la portée en les violant, et qu'ainsi la puissance publique, dont la tâche est d'entretenir la paix, trahit sa mission en portant le trouble dans les âmes et la guerre dans les rues. Tout cela est vrai et nul ne peut le nier. Mais si, dans leur émotion, ceux qui se plaignent vont jusqu'à dire qu'avant le gouvernement actuel, il existait des lois protectrices de la liberté individuelle et de l'inviolabilité du domicile, et que ces lois sont méconnues, nous nous permettrons de répondre qu'ils sont victimes d'une complète illusion : portant en eux-mêmes un idéal de justice, ils croient le voir dans notre législation, tandis que nos Codes, nos Lois organiques, et notre Constitution n'ont rien fait pour élever autour de nous un rempart qui protège nos personnes.

Pour qui essaye de réfléchir, de s'éloigner de l'arène afin de regarder d'un peu plus haut la mêlée, il est peut-être heureux que nous subissions une si brutale application des lois. Il n'y a plus d'illusion possible. Le voile est déchiré. S'il y a encore dans notre race, faite de loyauté et de franchise, quelque respect du droit, nous assisterons avant peu à un effort pour introduire dans nos institutions des garanties. Déjà, de divers côtés, des propositions de lois sont déposées, des études entreprises, des livres publiés qui révèlent des préoccupations auxquelles nous n'étions pas habitués [1].

Mais, s'il faut aider, par tous les moyens qu'offrent la parole et la presse, à ce mouvement tout nouveau des esprits, il est également nécessaire de mesurer à quel ennemi nous avons affaire. Ceux qui croient à une réforme aisée, semblable à toutes celles qu'ont vues nos révolutions plus ou moins superficielles, n'ont pas la moindre notion du sens de notre histoire.

Les droits individuels, en France, ont toujours été très faibles. Tout notre développement national, qui présente une suite incomparable, nous montre l'effort de vingt générations voulant assurer l'ordre et l'unité. Pendant sept cents ans, de Hugues Capet à Louis XIV, nous assistons aux manifestations les plus variées d'une même idée poursuivie par l'accord commun du roi et du peuple, l'un et l'autre voulant substituer au fractionnement de tous les pouvoirs leur concentration, l'un et l'autre rêvant l'unité qui aboutira à la monarchie administrative, c'est-à-dire à la constitution de l'Etat sous sa forme la plus puissante. A cet objet, le Tiers Etat était prêt à tout sacrifier, même ses droits, tant il était convaincu que, son seul ennemi étant la diversité et l'oppression féodales, le roi, résolu à contenir la noblesse, serait toujours son allié. Tandis qu'en Angleterre, les barons, soutenus par le peuple, montaient à l'assaut de la royauté, limitaient ses pouvoirs et devenaient populaires parce qu'ils défendaient la liberté de chacun qui formait les libertés de tous, en France, l'idée générale absorbait tout ; nul souci de l'individu et de ses droits : du XIIIe au XIVe siècle, dans la crise de notre formation moderne, la création d'un pouvoir fort, mettant fin à toutes les diversités locales, est une idée fixe. La poursuite des garanties qui font un peuple libre n'apparaît que comme le résultat d'une volonté intermittente qui interrompt de date en date la prescription, empêche l'oubli en montrant un idéal, honore l'élite, réserve l'avenir, mais ne fonde rien.

On a dit que les mœurs étaient plus fortes que les lois : elles se sont montrées plus fortes que les révolutions. Ni 1789, ni les constitutions qui l'ont suivi, n'ont tenté d'établir les droits de l'individu sur des bases solides. La génération qui faisait la Révolution avait de plus pressants soucis : faire triompher le vœu héréditaire du Tiers Etat en proclamant l'égalité civile, assurer la participation du pays à ses propres affaires en décrétant le vote annuel de l'impôt et la délibération des lois par les représentants du peuple, voilà les principes qui, depuis 1815, n'ont pas été contestés.

Mais la liberté individuelle, qu'a-t-elle gagné depuis l'ancien régime ?

Elle a été partout proclamée, inscrite dans nos constitutions, écrite dans nos codes, mais, en réalité, elle était méconnue. Les textes n'ont été qu'une apparence : derrière cette façade, le monument n'existait pas ; c'était un mensonge officiel. Les cahiers des Etats généraux avaient été unanimes, et Clermont-Tonnerre, rendant compte à l'Assemblée constituante des vœux qu'ils contenaient, avait pu dire : « La nation réclame, dans toute son étendue, la liberté individuelle. Les agents de l'autorité sont responsables. La liberté individuelle est sacrée. » Les rédacteurs de la *Déclaration des droits* s'imaginèrent qu'ils avaient trouvé une formule précise en disant : « Nul ne peut être arrêté ou emprisonné qu'en vertu de la loi, avec les formes qu'elle a prescrites et dans les cas qu'elle a prévus (art. 17). » Vaine promesse, qui ne présente en elle-même aucune valeur ; qui est rassurante si la loi est précise, si les formes sont protectrices, si les recours sont assurés ; qui ne met obstacle à aucune violence légale ; qui laisse passer les décrets de la Convention comme les prisons d'État du premier Empire, les cours prévôtales aussi bien que la loi de sûreté générale.

N'essayons donc de trouver des garanties ni dans des textes accumulés à l'heure où, entre les prisons et l'échafaud, les accusés n'avaient d'autre juge que le Tribunal révolutionnaire ; ni dans les décrets du Consulat, alors que la constitution de l'an VIII investit le gouvernement du droit d'arrestation « par mesure de police, » ni dans les codes de l'Empire ; qui organise à grand bruit, au sein du Sénat, une commission de la liberté individuelle, afin de faire oublier l'établissement de huit prisons d'État ; ni sous la Restauration, où les lois du 29 octobre 1815 et du 26 mars 1820 confèrent au pouvoir le droit d'arrêter et de détenir, sans renvoi devant les tribunaux, les individus inculpés de certains délits politiques, ni, enfin, sous le second Empire où, en pleine paix, six ans après le coup d'Etat, la loi du 27 février 1858 permettait « d'interner ou d'expulser du territoire, par mesure de sûreté générale, » toute une catégorie de Français « que des faits graves signaleraient de nouveau comme dangereux pour la sûreté publique. »

Il ne s'agit pas ici d'évoquer ces souvenirs pour la satisfaction de montrer quel démenti donnent aux plus pompeuses déclarations les passions de parti à l'heure où elles triomphent. Ce qu'il faut retenir, c'est que chaque gouvernement a cru de bonne foi, lorsqu'il se sentait le maître du pays, qu'il accomplissait son devoir, et qu'en suspendant la liberté individuelle, il assurait le salut public. Et, ce qui est bien autrement grave, en chacune de ces crises, au moment où le Consulat, l'Empire, la Restauration prenaient ces mesures extrêmes, l'opinion publique les absolvait !

Ne cherchons pas ce que l'opposition, devenue triomphante, a dit, quelques années plus tard, d'actes qu'elle s'attachait à flétrir. Prenons la date de ces décrets, de ces lois ; et constatons que le premier Empire était indiscuté ; que les ministres de la Restauration disposaient dans les Chambres de majorités imposantes, que les plébiscites assuraient au second Empire la force d'une quasi-unanimité, et que la violation de la liberté individuelle n'a été, pour aucun de ces gouvernements, ni la cause de la chute, ni le grief populaire. La masse de la nation est presque toujours du côté du pouvoir ; elle n'aime pas les victimes ; ses regards s'en détournent ; elle y voit une tristesse et une impuissance ; elle aime avant tout la force et elle a la passion de l'autorité. Elle est enivrée de la toute-puissance de l'Etat. Quand on lui parle de limiter les droits des fonctionnaires, elle sent se réveiller en elle, par une sorte d'atavisme, d'anciennes ardeurs qui la poussaient jadis à fortifier les droits du roi et à les augmenter sans cesse par une sorte d'épargne héréditaire dont, grâce au dogme proclamé de la souveraineté du peuple, le capital lui est échu. Il est donc permis d'affirmer que la défense de la liberté individuelle, la recherche d'une garantie protégeant les droits des citoyens sont les soucis, non de la foule, mais de ceux qui prévoient et qui pensent.

II

L'origine du mal ne suffit pas à nous éclairer, il faut voir quelle est sa nature.

On a dit, sous une forme qui est devenue un axiome, que la liberté des citoyens n'était jamais plus menacée que dans les procès criminels.

Cette vérité éclate quand on mesure les pouvoirs du juge d'instruction ; tous ceux qui étudient nos lois et qui les jugent n'hésitent pas à les trouver exorbitants : du jour où il est saisi par le réquisitoire du parquet, il a le droit de lancer des mandats d'arrestation, non seulement contre l'inculpé désigné, mais contre tout individu ; il peut requérir tout agent de les mettre à exécution par tous les moyens [2].

Le mandat de dépôt, signé de lui, est le point de départ d'une détention préventive dont lui seul fixe la durée. Contre la prolongation de l'instruction, aucun recours ne s'ouvre, car nul ne peut appeler recours une supplique au procureur général ou au garde des Sceaux. Pour se pourvoir, il faut que le juge ait rendu une ordonnance. Or, un mandat d'arrestation ou de perquisition, une visite domiciliaire, une saisie de lettre à la poste, ne constituent pas en eux-mêmes des actes susceptibles de recours légal et direct devant la Chambre des mises en accusation. Le nombre d'actes que peut prescrire un magistrat instructeur, sans que s'ouvre pour l'inculpé ou pour les tiers un moyen de les contester et de s'en plaindre, est véritablement effrayant. Un des premiers criminalistes de notre temps, M. Faustin Hélie, avait raison d'en être épouvanté, et il n'est pas un magistrat, digne de ce nom, qui, s'il a été investi de ces fonctions, hésite à avouer qu'il n'est pas, pour la conscience, de poids plus redoutable. Maîtres de la liberté individuelle par les mandats, des propriétés par les saisies, du secret des familles par les lettres interceptées, les juges d'instruction ont, dans leurs mains, la personne des citoyens, leur honneur et leur vie.

Tous ces pouvoirs ont été dévolus au juge, parce qu'en qualité de magistrat inamovible, il inspire confiance ; interprète des lois, il appartient à un corps chargé de les appliquer ; son devoir est de les connaître ; sa mission, d'étudier les hommes et les faits. On répète que la garantie du juge est son indépendance : il est plus vrai de dire qu'en dehors des qualités morales, des vertus de caractère qui seules font le juge, la garantie la plus efficace est le lien entre les membres d'une même compagnie judiciaire ; l'abus, de pouvoir que, par ambition, oserait concevoir un isolé, un juge ayant l'esprit de corps n'a pas l'audace de l'accomplir.

Que penser alors d'une loi qui investirait de tous les pouvoirs du juge d'instruction des fonctionnaires politiques ?

C'est pourtant ce qu'a fait la législation française depuis cent ans ! Tout ce que peut le juge d'instruction, tous les droits que nous venons d'énumérer et dont l'étendue fait trembler, les 86 préfets de France les possèdent personnellement : mandats d'arrestation, visites domiciliaires, saisies de lettres, ils peuvent, d'un trait de plume et sous leur signature, tout prescrire, tout ordonner. Rien ne les a préparés à user de nos lois criminelles, et ils ont tous les pouvoirs du juge d'instruction. Ne relevant que du ministère de l'Intérieur, recevant ses ordres, n'étant que des agents d'exécution, ils ont en mains la liberté des citoyens ; personnages politiques, ils dépendent des ministres les plus éphémères, et n'ont pas l'idée d'une résistance possible ; que le ministère soit entre les mains de violents et de sectaires, il n'y a pas de limite aux actes de persécution qui peuvent être accomplis.

L'article 10 du Code d'instruction criminelle est ainsi conçu :

« Les Préfets des départements et le Préfet de police à Paris pourront faire personnellement, ou requérir les officiers de police judiciaire, chacun en ce qui le concerne, de faire tous actes nécessaires à l'effet de constater les crimes, délits et contraventions et d'en livrer les auteurs aux tribunaux chargés de les punir. »

Ce texte, qui ne prête à aucune équivoque, qui investit les préfets d'un droit personnel et illimité, a été précisé avec plus de clarté, s'il est possible, par la jurisprudence [3], qui a déclaré que le préfet pouvait accomplir tous les actes qui sont de la compétence du juge, d'instruction.

A cet article du Code se rattache toute une histoire, qui contient l'image et le résumé de nos révolutions.

Parmi nos législateurs de la Révolution, dès le début, nous voyons deux tendances. Les uns croyaient au droit, les autres à la force. A ceux qui voulaient inscrire dans la législation nouvelle des textes protégeant la liberté répondaient les défenseurs de mesures qui permettaient de la violer : ils soutenaient que la sécurité publique serait en péril si le gouvernement n'était investi des moyens d'assurer l'ordre en échappant aux prescriptions de lois libérales par des actes de haute police. Tout d'abord, l'inspiration de 1789 l'emporta : les lettres de cachet venaient d'être supprimées. La Constitution de 1791 contient la prescription la plus formelle : « Nul homme, disait-elle, ne peut être saisi que pour être conduit devant l'officier de police, et nul ne peut être mis en arrestation ou détenu qu'en vertu d'un mandat des officiers de police, d'une ordonnance de prise de corps d'un tribunal, d'un décret d'accusation du Corps législatif, dans le cas où il lui appartient de le prononcer, ou d'un jugement de condamnation à prison. »

L'énumération était précise ; mais les meilleures lois sont impuissantes contre l'anarchie générale : quand le désordre est partout, on s'en prend à elles de ce qu'elles ne peuvent empêcher.

En 1791, il se trouvait des royalistes qui assuraient que le droit d'arrestation aurait permis à la royauté d'enrayer la Révolution. Chaque parti croyait si bien à la force, que la Convention inscrivit dans la Constitution de l'an III le droit, pour le pouvoir exécutif, de détenir les individus suspects de quelques machinations contre le gouvernement ; mais on limitait ce droit à deux jours seulement ; à l'expiration de ce délai, l'officier de police devait être saisi.

Au milieu des violences et du sang, il n'y avait plus de lois. Quand elles reparurent, le Consulat leur demanda le droit d'arrêter et de *détenir pendant dix jours* les individus coupables de conspiration contre l'Etat (art. 46 de la Constitution de l'an VIII). Deux ans plus tard, le Premier Consul, jugeant le délai insuffisant, décida que le maintien en prison peut être illimité et chargea le Sénat de fixer, par des décisions spéciales, la durée de la détention (art. 55 du Sénatus-consulte organique du 15 thermidor an X). A l'avènement de l'Empire, la protection de la liberté individuelle est solennellement confiée au Sénat, auquel pourra s'adresser tout individu se plaignant de sa détention (Sénatus-consulte du 28 floréal an XIII). Étrange ironie, à l'heure où allaient s'élever huit prisons d'Etat !

Ni la faculté des dix jours, ni la complaisance du Sénat ne suffisaient à l'omnipotence impériale. Dès les premières délibérations du Code d'instruction criminelle, nous voyons naître la pensée de mêler les préfets à l'administration de la justice. Au sein du Conseil d'État, Cambacérès, Treilhard, l'Empereur lui-même, parlaient à tout propos de la séparation des pouvoirs : ce principe, invoqué sans cesse afin de protéger l'administration contre l'immixtion de l'autorité judiciaire, était méconnu quand il fallait protéger le juge contre l'ingérence des préfets. L'article 10 avait tous les mérites : il donnait à la puissance administrative l'initiative de l'action judiciaire ; l'investissait d'une concurrence de juridiction ; et, sous cette apparence régulière, qui semblait la rattacher à une hiérarchie, il ménageait tous les moyens d'exécuter, sur toute l'étendue du territoire, sans se soucier des procureurs généraux, les ordres du ministère de la Police.

Avec la chute de l'Empire, commença le déclin du pouvoir préfectoral. L'avènement du gouvernement constitutionnel, l'adoucissement progressif des mœurs, le rapprochement des distances, les désordres publics de plus en plus rares avaient peu à peu changé le caractère du préfet : représentant du gouvernement, il administrait du fond de son cabinet et ne conservait de ses qualités militantes que ce qu'il fallait pour descendre de temps à autre dans l'arène électorale. Mais le péril des lois arbitraires est de ne pouvoir se laisser oublier : l'arme était en réserve ; il suffisait qu'elle fût prête à servir pour que, sur l'ordre du ministre de l'Intérieur, elle fût tirée de l'arsenal. La monarchie de Juillet, qui n'en usa pas, eut le tort de croire à la désuétude : c'est l'illusion et la faute des gouvernements honnêtes. L'Empire s'en servit largement, mais, grâce au silence universel, il n'en resta nulle trace : seuls, les magistrats se souviennent que, parmi les envois quotidiens de détenus arrêtés par la Préfecture de police, ils en trouvaient dont l'arrestation remontait à quatre, cinq, dix et vingt jours, toute une information ayant été conduite après les arrestations par l'initiative des commissaires. Mais l'arbitraire n'émeut personne, — c'est, il faut le reconnaître, une faiblesse de tous les temps, — lorsqu'il porte sur les inculpés de délits de droit commun. Qui ne se souvient, au contraire, des fameuses saisies administratives contre lesquelles s'éleva la voix des Dufaure et des Berryer ? C'est en vertu de l'article 10 que les feuilles autographiées des *Vues sur le gouvernement de la France*, par le duc de Broglie, étaient confisquées en 1861. C'est en vertu du même texte que les exemplaires de l'*Histoire des Princes de Condé au XIVe siècle* étaient emportés et conservés pendant quatre ans dans les caves de la Préfecture de police, malgré les réclamations du Duc d'Aumale.

Nos querelles politiques, depuis trente ans, ont fait rentrer en scène l'article 10. Les journalistes en ont éprouvé les rigueurs sous le Seize-Mai : la période de l'exécution des décrets de 1880 a donné lieu à des incidents ; puis, tout d'un coup, après de longues années d'oubli, en 1899, en pleine paix, nous voyons le gouvernement faire, en un moment d'affolement, un usage désordonné de ses pouvoirs de police. Le 25 février 1899, il multiplie les visites domiciliaires, pratique des perquisitions, fait des saisies de papiers (voir *le Temps* du 27 février), et ne saisit le parquet qu'à la fin de mars (le réquisitoire introductif est du 1er avril) ; puis, six mois après, quand il juge utile de reprendre l'affaire Déroulède, il ne s'adresse pas à la magistrature, qui, certes, ne refusait pas son concours, il ne demande pas au parquet de requérir des instructions. Ces moyens légaux sont à la portée des plus simples. Aux grands politiques conviennent les coups de théâtre. L'arbitraire, c'est son

George Picot

signe, se plaît aux mises en scène. Dans la même nuit du 11 au 12 août, par ordre de M. Waldeck-Rousseau, président du Conseil, les préfets, dans les départements, et, à Paris, M. Blanc, préfet de police, font procéder à une série considérable d'arrestations et de perquisitions [4]. On assure que 75 personnes furent arrêtées au milieu de la nuit. On pratiqua plus de cent visites domiciliaires sur différents points de la France. La plupart des détenus ayant été relâchés après un mois ou six semaines de détention, les autres furent renvoyés devant la Haute Cour, qui ne condamna que trois d'entre eux.

L'année 1902 devait voir des scènes bien autrement violentes. En vertu de quels pouvoirs agissaient les délégués des préfets, les commissaires de police qui menaçaient les écoles, faisaient crocheter les serrures et sauter les portes, expulsaient et arrêtaient les religieuses ? En vertu de quel droit agissaient-ils ? L'ordre venait, on le sait, du ministère de l'Intérieur ; mais, à moins de vivre sous le régime du despotisme turc, l'ordre n'a jamais fait le droit. Entre le ministre qui de Paris lance une injonction arbitraire et l'agent subalterne qui l'exécute, se place le préfet qui, armé de l'article 40, couvre tout. Ce qui était une violation de la liberté individuelle, une atteinte à l'inviolabilité du domicile, une méconnaissance du droit de propriété, tout cela est-il absous, tous ces crimes sont-ils effacés parce que le préfet, maître de toutes les armes de la loi pénale, aura invoqué le Gode d'Instruction criminelle ?

Si l'abus éclatant d'un texte de loi doit en faire condamner l'usage, ce qui s'est passé depuis quatre ans est fait pour ouvrir les yeux aux plus aveugles. Dans un pays où le gouvernement appartient à l'opinion, où la majorité qui gouverne est essentiellement changeante, quel est le parti qui puisse se croire à l'abri du péril ? Il n'est douteux pour personne que les gouvernants d'aujourd'hui seront en minorité demain. Le nier, c'est fermer les yeux à l'évidence. Il y a donc un intérêt commun à supprimer une arme meurtrière et déloyale dont tous les partis seront tour à tour victimes.

Le malheur veut que, dans les temps troublés, quand les ardeurs s'allument, lorsque les passions deviennent de jour en jour plus violentes, la faction dominante s'attache aux armes de lutte et refuse de s'en dépouiller. Nous avons vu de nos jours assez de gouvernements de combat pour connaître leurs mœurs et leur langage. Ils usent et abusent des lois, et, à ceux qui le leur reprochent, ils trouvent d'ordinaire quelque plaisir à adresser des récriminations personnelles. Il est si commode, quand on ne sait que répondre, de répliquer : « Vous en avez fait autant ! » et notre histoire contemporaine se répète en de telles alternatives qu'il faudrait être bien pauvre de souvenirs pour n'avoir pas à son service quelque citation qui ferme la bouche. Ceux pourtant qui se plairaient à ce jeu pourraient éprouver quelque déconvenue. Le parti libéral n'a jamais varié : il a toujours été l'adversaire de l'arbitraire administratif et il a réclamé en tout temps la suppression de l'article 10. « Mais il a gouverné, réplique-t-on ; il était maître ; il pouvait agir et qu'a-t-il fait ? » Nous ne répondrons qu'un mot : il en a proposé l'abolition.

Au ministère de la Justice, à trois reprises, la République a eu l'honneur de voir entrer un jurisconsulte qui était un de nos premiers orateurs, et, ce qui est plus rare, un grand caractère. Pendant cinq années, M. Dufaure a eu la responsabilité de la magistrature. On sait à quelle hauteur il l'a maintenue, en la respectant. Il estimait que plus le régime d'une nation était démocratique et plus l'indépendance du magistrat était nécessaire ; il voyait, dans l'avenir, le juge planant au-dessus des partis pour contenir leurs excès, réprimer les abus de pouvoir et, en toutes les querelles, assurer au droit le dernier mot. De nos lois, il était résolu à chasser l'arbitraire ; notre procédure criminelle l'alarmait, il en avait vu de près les défauts ; il voulait les corriger. A plusieurs reprises, il pensa y mettre la main : l'instabilité ministérielle semblait rendre la tâche impossible. En 1878, le calme était complet ; il assembla autour de lui une commission qu'il chargea de préparer une révision du Code d'Instruction criminelle. Dès le début, l'opinion du garde des Sceaux sur l'article 10 était faite. La commission donna, pleine satisfaction aux vues de M. Dufaure en retirant aux préfets les pouvoirs d'officiers de police judiciaire.

Voilà donc un quart de siècle qu'une réunion de jurisconsultes, de magistrats de la Cour de cassation, convoqués par le plus illustre garde des Sceaux de la République, a condamné une loi qui constitue une menace permanente à nos libertés, et ce texte de loi est intact ; il est à sa place dans nos Codes ; et, — ce qui est plus grave encore, — il s'est formé tout un parti prêt à défendre les attributions de police judiciaire des préfets qui ne trouvaient pas de défenseurs en 1878.

L'œuvre de la commission de révision, achevée en 1879, fut présentée au Sénat en novembre de la même année. Mais déjà elle avait été corrigée par le ministère Le Royer. Le projet du gouvernement enlevait aux préfets des départements les pouvoirs de l'article 10, mais, moins libéral que la commission, il les maintenait au profit du Préfet de police. Cette transaction, à peine discutée au Sénat, allait rencontrer à la Chambre un adversaire résolu. M. Ribot, fidèle à l'opinion qu'il avait soutenue dans la commission, n'eut pas de peine à rappeler les abus auxquels avait donné lieu ce texte ; il cita l'arrêt de la Cour de cassation donnant, en 1853, aux préfets tous les pouvoirs du juge d'instruction, leur accordant le droit de saisir les lettres à la poste ; il montra l'organisation de la police à Paris reposant sur les 80 commissaires de police, officiers de police judiciaire, pouvant agir régulièrement en cas de flagrant délit et sur mandats des juges ; il pressa le gouvernement de dire quel intérêt il y avait à donner les mêmes pouvoirs au Préfet de police personnellement. « Il faut choisir, dit-il avec force. Ou bien vous voulez un système régulier, loyal, la séparation des pouvoirs, l'action de la justice séparée de l'action purement politique, purement administrative : alors, à l'exemple de toutes les législations, sans exception, il vous suffit d'avoir un procureur général ayant sous ses ordres des procureurs de la République, des juges d'instruction, des commissaires de police qui, tous, en cas de flagrant délit, peuvent agir. Il n'est pas besoin de préfet de police. Ou, en dehors de ces flagrants délits, vous voulez, de cet article 10, vous faire une armé, vous voulez garder une place pour l'arbitraire [5]. » On répondit qu'il était bon de donner au Préfet de police un droit propre ; mais ni le rapporteur, ni le ministre de la Justice, ne purent le définir. La cause était jugée. Sans scrutin, et à mains levées, l'article 10 fut rejeté.

Depuis dix-neuf ans, le projet du Code d'Instruction criminelle dort dans les cartons de la Chambre des députés [6]. Comme tous les travaux législatifs qui demandent un effort et une persévérance, il est oublié. A la (in de 1901, l'arrestation, par les préfets, d'un grand nombre d'individus soupçonnés de fâcheux desseins, souleva une discussion [7] : nul ne put établir le nombre d'arrestations faites sans que les tribunaux aient été saisis, mais le ministère avoua que ces mesures de précaution avaient été prises en vertu de l'article 10. Quel est le magistrat qui aurait refusé d'ordonner les arrestations si elles étaient justifiées par des craintes légitimes, si elles reposaient sur des motifs avouables ? L'application de l'article 10, au point de vue politique, est donc injustifiable ; mais, avant de le condamner, il faut entendre ses plus sérieux partisans.

C'est à la Préfecture de police, dans les bureaux du quai des Orfèvres, que sont les derniers défenseurs de l'article 10.

Voici comment ils raisonnent :

« La magistrature, disent-ils, est lente et solennelle. Le caractère de la police est d'être rapide et alerte. Dans une agglomération de trois millions d'âmes, où 30 ou 40 000 coquins, repris de justice, vagabonds et souteneurs préparent les pires expéditions, il faut que la police se livre à une surveillance incessante, à une sorte de chasse perpétuelle ; l'arrestation doit être soudaine : il faut que tout agent ait pouvoir d'agir, de pénétrer dans les domiciles, de perquisitionner et d'arrêter. Supprimer l'article 10, l'obliger à recourir au juge, c'est le désarmer, c'est supprimer la Préfecture de police. »

Certes, la menace est grave et, si elle était juste, elle nous ferait reculer. Il y a peu d'institutions plus nécessaires que la Préfecture de police : il en est peu qui aient rendu de tels services. Il n'est pas inutile de remarquer qu'elle a eu le privilège d'être attaquée par tous les hommes de désordre et d'être défendue par tous ceux qui avaient quelque souci de l'ordre public. Il est bon qu'il y ait, dans une grande ville comme Paris, une institution qui n'ait d'autre objet que le maintien de la paix publique, qui soit armée de toutes les attributions que possède le pouvoir exécutif pour assurer la protection des personnes et des propriétés par la stricte exécution des lois. La faiblesse des hommes laisse décliner et se corrompre assez de forces pour que nous n'ayons pas l'imprudence d'affaiblir celle qui, en face des colères qui l'assaillent et de l'anarchie qui la menace, conserve à un si haut degré le sentiment de sa responsabilité.

Mais sortons des généralités : observons les faits. Chaque jour, les commissaires de police opèrent environ 150 arrestations : il s'agit de flagrants délits. Or, le droit des officiers de police judiciaire est absolu. Ils agissent dans la limite de leur compétence.

Quel est donc, dans la pratique, en dehors de la politique, l'usage qui est fait à Paris de l'article 10 ? Il ne s'applique pas aux arrestations quotidiennes ; il ne facilite pas, comme autrefois, la prolongation de détention au dépôt de la Préfecture, sans envoi au juge : les représentants les plus autorisés de la Préfecture déclarent, d'accord avec les magistrats, que toute arrestation est suivie de l'envoi immédiat du détenu au parquet [8].

Mais, s'il s'agit d'une bande, d'actes difficiles à constater, de crime de fausse monnaie, par exemple, les commissaires ont pris l'habitude de poursuivre leurs investigations et de solliciter de leur chef à la fois ses ordres et le mandat final. L'article 10 permettant tout, les bureaux ont trouvé plus simple de manier eux-mêmes cette clef qui ouvrait toutes les portes. Que la réforme soit faite et, au fond, rien d'essentiel ne changera ; l'ordre public continuera à être protégé. Les commissaires de police multiplieront les enquêtes et le service judiciaire sera organisé de façon à délivrer à toute heure les mandats que peut seul lancer un juge.

Quand un crime émeut l'opinion publique, que la police part de tous côtés à la recherche du coupable, qui a jamais soutenu qu'elle ne fût pas libre de son action, parce qu'en droit, un juge saisi de l'instruction en tenait les fils ?

Si l'on y regarde de près, toute cette querelle est sans fondement. Le véritable objet du pouvoir préfectoral, c'est l'action politique. Ce dessein désavoué, il ne reste qu'une organisation de service qu'il est facile de combiner pour la meilleure utilisation des forces [9].

III

On a vu l'origine et la nature du mal. Cherchons les remèdes. L'abolition nécessaire de l'article 10 n'achèvera pas la tâche. Lorsque, dans un vieux navire qui a longtemps navigué, une voie d'eau est fermée, tout n'est pas terminé et l'équipage n'a pas droit au repos. Nous nous sommes longtemps attardés sur une seule disposition de nos lois. Supposons qu'elle est abolie, et voyons ce qui, dans nos Codes, menace encore nos libertés.

L'arrestation, nous le confessons, n'est pas ce qui nous blesse : ce que nous ne pouvons admettre, c'est la détention, ne fût-elle que de quelques heures, sans intervention d'un magistrat. Si tout citoyen arrêté est conduit, aussitôt après la capture, devant un magistrat qui l'interroge, si la détention ne peut être ordonnée que par un juge, avec toutes les formes de la justice, assurément des erreurs pourront encore se produire, mais elles seront aussi rares que le permet la faillibilité humaine.

La fameuse règle de l'interrogatoire dans les vingt-quatre heures que réclamait le Tiers Etat aux Etats généraux de 1614, que proclamait l'ordonnance de 1629, et, sous la Fronde, le traité de Saint-Germain [10], a été reproduite dans le Code d'Instruction criminelle (art. 93), mais il faut donner à ce texte toute l'importance d'une garantie fondamentale [11]. L'entrée du détenu dans le cabinet du juge ne doit pas donner lieu à quelques-unes de ces mentions banales que la pratique réduit et dédaigne sous le nom d'« interrogatoire de forme. » Ce premier contact entre le magistrat et l'homme arrêté, c'est la fin de l'acte de force qui a privé un individu de sa liberté, c'est le commencement de l'œuvre de justice, c'est-à-dire de la recherche libre et désintéressée de la vérité à l'égard d'un homme qui est présumé innocent. Il doit donc être impérieusement prescrit que tout mandat ait pour effet d'amener sur-le-champ l'individu arrêté devant le juge et au plus tard dans les vingt-quatre heures. L'interrogatoire portera la date et l'heure où il aura été subi, et devra contenir, avec la vérification de l'identité et la qualification de l'infraction pénale, un résumé des charges justifiant l'arrestation.

La détention préventive n'a jamais été limitée dans sa durée. L'infinie variété des affaires empêche une loi générale de lui imposer des bornes. Et cependant, est-il possible de ne pas ouvrir un recours au détenu ? Peut-on le laisser en cellule pendant des mois sans aucun moyen de se faire entendre ? La liberté provisoire sous caution, qu'on a eu tant de peine à faire entrer dans nos lois, et que la magistrature montre tant de répugnance à faire entrer dans nos mœurs, ne dépend-elle pas entièrement de la bonne volonté du juge ? Ne convient-il pas de borner la détention par un procédé indépendant du caprice des hommes et en quelque sorte automatique ? Pourquoi ne pas donner au mandat de dépôt une durée limitée ? Le système du mandat à échéance fixe stimulerait le zèle du juge, hâterait l'instruction, marquerait publiquement le caractère exceptionnel de la détention préventive. Le juge, à la fin de l'interrogatoire, décernerait un mandat mentionnant la date à laquelle il expirera, date à laquelle l'inculpé sera ramené devant lui. Le délai ne pourra pas dépasser huit jours. Le juge pourra renouveler, en les motivant, en présence du détenu, les remises de l'interrogatoire. L'inculpé aura le droit de se pourvoir, après la seconde remise, contre l'ordonnance du juge, devant la Chambre du conseil, composée autant que possible de magistrats qui ne seront pas appelés à juger le fond de l'affaire.

L'organisation d'un recours qui puisse limiter la détention de l'inculpé serait l'innovation la plus féconde : elle modifierait l'allure par trop lente de toutes les instructions criminelles.

La reconstitution de la Chambre du conseil aurait une influence considérable. Sa compétence serait limitée aux mandats et à la liberté provisoire.

Toutes les ordonnances du juge seraient motivées et toutes celles qui touchent à la liberté pourraient être déférées à la Chambre du conseil, dont l'action ne se confondrait plus avec celle du juge, comme avant la réforme de 1856, mais serait complètement indépendante.

Ces précautions sembleraient-elles insuffisantes ? Les longues détentions préventives devraient-elles donner lieu à des recours plus efficaces ? On pourrait décider qu'après les deux premières remises, l'inculpé aurait le droit de déférer à la Chambre des mises en accusation de la Cour d'appel l'ordonnance de la Chambre du conseil. Ainsi, pour la première fois, entreraient dans nos lois des garanties sérieuses contre la prolongation de la détention préventive.

La liberté individuelle ne dépend pas uniquement de la bonté des lois criminelles. Il y a des lois civiles et des lois politiques qui y portent atteinte. S'il est vrai que cette liberté s'entende du droit d'aller où l'on veut, de fixer son domicile où il plaît, que dire des prétentions du pouvoir qui ose assigner à un citoyen une résidence ou lui défendre de s'y établir ? Il y a une année à peine, une telle allégation eût fait sourire. Nul n'eût compris d'où pouvait venir une semblable menace. En juillet 1902, elle devenait une réalité pour ces milliers de sœurs enseignantes qui, le même jour, recevaient du ministre de l'Intérieur l'injonction de quitter leur domicile légal pour se rendre en un lieu déterminé. Institutrices, elles avaient fait, au terme de la loi de 1886, une déclaration de domicile ; mandataires d'un certain nombre de pères de famille pour un service d'instruction, elles exerçaient dans la commune une véritable fonction reconnue par la loi. L'ordre qui leur était signifié et qui leur donnait huit jours pour quitter leur domicile et se rendre à la maison-mère était la plus audacieuse violation de la liberté individuelle. La lettre de cachet, cette forme antique et légendaire du despotisme d'ancien régime, ne menait pas toujours à la Bastille. L'ordre envoyé à un seigneur d'aller habiter ses terres constituait la forme la plus fréquente de la disgrâce. Qui soutiendrait que l'interdiction de séjour prononcée par nos lois pénales n'est pas une peine privative de la liberté ? Ignore-t-on que la loi italienne a fait une peine nouvelle de l'obligation d'habiter en un lieu déterminé ?

Depuis une année, nous assistons à de tels actes que l'injonction de quitter un domicile s'est trouvée comme enveloppée et perdue au milieu d'un débordement d'arbitraire. Il faut lui donner son nom : c'est une mesure de police, un fait de violence contraire à toutes nos lois. Comment s'y opposer ? Où est la sanction ? On ne peut, dit-on, déférer cet acte au Conseil d'Etat, juge des recours pour excès de pouvoir, parce que l'ordre constitue une simple menace. Oui, j'admets que le ministre a ajouté à l'illégalité le mensonge d'une menace qu'il savait inexécutable ; mais, en fait, le mal a été accompli, le préjudice souffert, les domiciles abandonnés sous le coup des ordres ministériels. « Vous deviez savoir le droit, réplique-t-on, et ne pas obéir. » Les expulsions *manu militari*, qui ont si profondément troublé nos provinces, ont répondu à ces conseils. S'il n'avait pas le droit, le pouvoir a voulu montrer qu'il avait la force. Nous ne reviendrions pas sur ces douleurs d'hier, si elles ne devaient nous enseigner ce qui nous attend demain. Contre de tels retours de fantaisies officielles, il faut que les libéraux de toutes nuances réclament unanimement des garanties, non pas des recours solennels et lents, mais une justice rapide et éclatante comme la vérité.

Comment ne pas parler ici des visites domiciliaires qui suivent le

George Picot

plus souvent la mise en arrestation ? La demeure est si intimement unie à l'individu, qu'il n'est pas exagéré de dire que l'inviolabilité du domicile fait partie de la liberté individuelle. Les perquisitions tondent à devenir, depuis quelques années, un des abus les plus graves. Qu'un inculpé soit extrait de sa prison, conduit sous escorte à son domicile, et qu'en sa présence un juge ou un commissaire de police, spécialement délégué, procède à l'ouverture de ses meubles et à la rédaction de procès-verbaux, rien de plus régulier et cette procédure indispensable doit être maintenue dans nos lois. Mais il n'est pas tolérable, il est contraire à toute justice, qu'un officier de police judiciaire invoque je ne sais quel prétexte, se prétende un jour délégué du pouvoir administratif, le lendemain chargé de constater une contravention fiscale relative au monopole des allumettes, pour faire ouvrir par un serrurier la chambre d'un tiers, absent et non inculpé. C'est là une violation de domicile. Une perquisition et une saisie en de telles conditions ressemblent, à s'y méprendre, aux exploits qui mènent les pillards en cour d'assises.

Une telle opération n'est pas seulement coupable ; elle est vaine. Comment n'a-t-on pas vu qu'une saisie de lettres, dans le tiroir d'un secrétaire, si elle a lieu hors de la présence du destinataire des lettres, est un non-sens ? Il n'y a de preuve de l'existence des lettres dans le meuble fouillé que si le propriétaire assiste à la découverte en personne ou par mandataire. Il faut que la loi définisse au plus tôt la perquisition [12], en fixe les formes avec précision, déclare qu'elle doit s'accomplir en présence du propriétaire, à moins que, légalement poursuivi, il ne soit en fuite. Mais, quelle que soit la rédaction des textes, quelque forte que puisse être la volonté du législateur, les prescriptions les plus solennelles ne portent pas en elles-mêmes leur sanction.

Les véritables garanties sont de deux sortes : la nullité des actes et la réparation due à la victime. Voyez ce qu'est l'*Habeas corpus* qui depuis trois siècles protège en Angleterre la liberté individuelle : la Cour du banc du roi, qui mande devant elle celui qui a ordonné la détention et le détenu, ne se borne pas, si elle annule le mandat, à élargir le prisonnier ; elle fixe les dommages-intérêts qui lui seront immédiatement versés et prend des mesures pour qu'ils soient payés par le coupable. Nous touchons ici au problème le plus grave, à la responsabilité des dépositaires du pouvoir.

En France, où nous sommes justement fiers de notre législation civile, tout ce qui touche à la responsabilité est corrompu par une idée fausse : l'irresponsabilité de l'Etat.

Les mêmes personnes qui voudraient investir l'Etat de tous les monopoles, le faire intervenir en tout, le transformer en une sorte de providence laïque distribuant à pleines mains l'argent des contribuables, s'accommodent de lois qui refusent toutes réparations aux victimes de fautes commises par l'Etat. L'erreur d'un employé du télégraphe peut causer la ruine de dix, de vingt personnes : l'impunité sera complète et nul ne proteste contre la loi qui a mis l'Etat hors du droit commun. Tous les principes du droit, tous ceux sur lesquels reposent les contrats, la première de toutes les lois naturelles, l'obligation de réparer le dommage produit par tout fait quelconque de l'homme, en un mot les règles même les plus élémentaires de la conscience sont altérées et comme déviées, lorsqu'il s'agit de la personne morale la plus puissante, de celle qui devrait offrir le modèle du respect du droit et qui donne au peuple l'exemple de sa violation. Contre ce sentiment très vulgaire des foules, il faut que l'élite des intelligences ne cesse de réagir ; il faut répéter qu'une société civilisée est celle qui ne laisse aucune force sans action, aucun droit sans recours.

Tout ce qui touche à la liberté du citoyen doit être revêtu d'une sanction très précise. Contre celui qui n'a pas amené sur-le-champ au juge l'individu arrêté, contre le magistrat qui a négligé de l'interroger dans les vingt-quatre heures, contre le juge d'instruction qui a gardé un prisonnier au-delà de la date du mandat périmé, contre le gardien de prison qui ne l'a pas mis en liberté à date fixe, il faut qu'une action en dommages-intérêts soit ouverte. C'est la seule forme pratique et précise du recours.

Le vice de nos lois est d'avoir édicté des sanctions terribles qui, en dépassant la mesure, ne devaient jamais être appliquées. Un étranger qui ouvre nos Codes peut croire que la liberté est très efficacement protégée : un chapitre a pour titre : *Des moyens d'assurer la liberté individuelle contre les détentions illégales et d'autres actes arbitraires.* (Code d'Instruction criminelle, 615 à 618.) Un autre chapitre contient huit articles sur les attentats à la liberté, édictant contre les fonctionnaires la dégradation civique, contre les ministres le bannissement. L'énormité de ces peines les rend illusoires et le texte même des articles s'applique si peu aux circonstances réelles que jamais depuis la promulgation de nos codes ils n'ont été invoqués. Il semble que le législateur se soit attaché à rendre inefficaces les armes qu'il semblait promettre aux victimes. Contrairement au vieil adage de droit, il s'est appliqué à donner et à retenir. Dans un article, il ouvre le droit à une indemnité (*Code pénal*, 117), et, dans une autre disposition, il subordonne l'action en dommages-intérêts aux complications tout à fait infranchissables de la prise à partie (*Code de Procédure civile*, 505).

Qui oserait prétendre que, depuis un siècle, à travers toutes nos révolutions, il ne s'est pas produit en France une seule atteinte à la liberté individuelle ? Non, le silence de la jurisprudence, loin d'absoudre nos lois, en est la condamnation. Il y a eu des abus et devant les plaignants aucune porte ne s'est ouverte. Toute la législation de 1808 était destinée à tromper la foule ; elle était inspirée par celui qui renvoyait toutes les plaintes à la commission instituée au Sénat pour protéger la liberté individuelle. Un siècle d'expérience nous montre la réalité. Nous avons assez mal réussi à protéger la liberté de l'individu pour avoir le droit de chercher et de vouloir d'autres méthodes !

Quand le principe de la loi est bon et que le texte offre quelques lacunes, il convient de proposer un amendement, de poursuivre une réforme de détail. En cette matière, aucune disposition ne répond aux besoins ; pas un texte qui ne soit obscur et décevant ; la jurisprudence, au lieu de les développer et de les ouvrir, s'est appliquée à les fermer. Ce n'est ni le lieu, ni le moment d'en raconter l'histoire ; on demeurerait ébahi si l'on rappelait ce qui a été fait, ce qui a été employé d'art et dépensé de forces pour défendre les fonctionnaires contre toute poursuite. Le principe supérieur qui soumet tout homme à la responsabilité de ses actes était né pour l'agent de l'autorité. Par une étrange interversion des termes, qui semble une dérision, l'expression de « garantie constitutionnelle » n'était employée dans la jurisprudence française que pour signifier les moyens mis en œuvre pour couvrir tout dépositaire de la puissance publique. Il fallut une révolution pour abolir, comme le demandaient depuis un demi-siècle les libéraux, l'article 75 de la Constitution de l'an VIII, la seule disposition qui eût survécu à toutes nos secousses ; mais les traditions, plus fortes que les lois, constituèrent une jurisprudence qui remplaçait si exactement l'article 75 qu'il ne reste plus trace de son abolition. Grâce au Tribunal des conflits, les fonctionnaires de la République sont « garantis » contre toute poursuite ; ils sont aussi protégés que sous l'Empire.

La séparation des pouvoirs, juste en son principe, exagérée dans ses applications, aboutit à des conséquences qui effrayent tous les jurisconsultes. Elle est aggravée par des préventions d'un autre âge. Voilà plus de cent ans que les parlements sont supprimés ; mais nous vivons encore sous le souvenir et l'obsession de leur ingérence. A entendre les défenseurs des préfets, il semble que les tribunaux ne songent qu'à empêcher l'action des fonctionnaires. Il y a de vieux préjugés à l'aide desquels se rallume d'époque en époque la passion des hommes et qui semblent renaître à propos pour empêcher tout progrès. Au fond des provinces, les mots de corvée, de dîmes et de droits féodaux ont encore un sens et l'âme populaire frémit en les entendant. Les préfets montrent une aussi puérile épouvante, lorsqu'ils s'alarment des jugements par lesquels le tribunal civil s'apprête, disent-ils, à entraver l'action de l'administration.

Ne parlons ici que de la liberté individuelle, de l'inviolabilité du domicile et des saisies qui suivent les perquisitions judiciaires. Bornons à cette matière spéciale la loi qui devrait être faite sur la responsabilité des dépositaires du pouvoir à tous les degrés.

Ce qui a fait avorter depuis cent ans tous les projets de responsabilité, c'est la difficulté d'accorder aux citoyens des droits et d'empêcher qu'ils n'en abusent. Il faut que, d'une part, toutes les plaintes soient écoutées, qu'elles soient toutes recevables, et que, d'autre part, les magistrats et les fonctionnaires soient protégés contre la témérité des plaideurs ; la solution ne serait-elle pas de demander la protection nécessaire, non à des fins de non-recevoir, mais à la qualité de la juridiction saisie ?

Au cours d'une instruction criminelle, nous l'avons dit, tous les recours doivent être portés devant la Chambre du conseil et en appel devant la Chambre des mises en accusation.

En dehors d'une instruction criminelle, comment peut-on organiser un recours rapide et efficace contre tout acte constituant une atteinte à la liberté ?

En matière civile, nous avons une procédure admirable : le référé. Tout citoyen, troublé dans sa propriété, sous une forme quelconque, par un fait brutal ou par une simple menace, peut aller sur-le-champ en référer au président du tribunal. Non seulement il assigne du jour au lendemain, et, sans remise, audience lui est accordée, mais, si l'urgence est absolue, si l'objet va périr, il peut assigner d'heure à heure et se présenter au domicile du président, qui, à toute heure, rend l'ordonnance protectrice. On parle des lois étrangères ; nous n'avons rien à envier à nos voisins, quand on examine cette jurisprudence salutaire, que le Code a brièvement indiquée, qui est née à Paris de vieux usages intelligemment développés [13] et qui est, à vraiment parler, l'*Habeas corpus* des droits civils.

Pourquoi ne pas s'inspirer d'un tel modèle ? Oserait-on dénier à la liberté individuelle les garanties qu'on accorde à une propriété menacée de ruine ? Refuserait-on au président du tribunal d'intervenir en cas d'urgence ? La contrainte par corps supprimée depuis 4807, en matière commerciale, avait investi le président d'attributions protectrices dont il est à propos d'évoquer le souvenir. Tout débiteur arrêté avait le droit d'exiger que ses gardes le menassent sur-le-champ au Palais de justice à l'audience des référés et le Code de commerce ajoutait : « Si l'arrestation est faite hors des heures de l'audience, le débiteur arrêté sera conduit chez le président (art. 786). » En 1832, le Parlement jugea ces garanties encore insuffisantes et vota une disposition qui frappait d'une amende de 1000 francs, sans préjudice des dommages-intérêts, l'huissier ou garde du commerce qui se serait refusé à conduire le prisonnier en référé (art. 22 de la loi du 17 avril 1832). De pareils textes ne peuvent-ils pas être imités ? Tout n'est-il pas prévu ? Et le législateur qui voudra créer des sécurités légales pourra-t-il découvrir des formules plus précises ?

S'il s'agit enfin, non d'un acte à redresser d'urgence, mais de dommages-intérêts à réclamer pour le préjudice souffert, comment organiser la responsabilité des magistrats ? Comment ouvrir un droit, tout en prévenant l'abus ? Par quelles combinaisons simples et efficaces peut-on concilier ces intérêts opposés ?

La liberté individuelle

La juridiction de la Cour d'appel nous paraît indiquée. Qui pourrait se plaindre, si la partie lésée devait dénoncer le fait et formuler sa demande en présentant requête au premier président ? Si la réponse était négative, le premier président devrait motiver son ordonnance et répondre aux griefs d'illégalité invoqués, ce qui ouvrirait au plaignant un recours devant la Chambre des requêtes de la Cour de cassation. Si la réponse était favorable, l'ordonnance renverrait le plaignant et le défendeur devant la première Chambre de la Cour d'appel.

La loi stipulerait expressément que les recours, soit en référé devant le président du tribunal, soit en dommages-intérêts devant la Cour, à raison des actes illégaux et arbitraires ayant porté atteinte à la liberté individuelle, quel que fût le fonctionnaire qui eût commis ces actes, ne pourraient être l'objet d'un conflit de juridiction, à raison du principe de la séparation des pouvoirs, et qu'en cette matière les tribunaux judiciaires seraient exclusivement compétents [14]. Poursuivre le vote d'une loi générale sur la responsabilité des magistrats est une chimère. Obtenir en une matière précise, nettement délimitée, l'affranchissement de la servitude des conflits est le seul moyen d'atteindre un résultat pratique.

Entre la conception des droits individuels et l'idée d'une justice toujours accessible, il y a une corrélation intime. Dans une société où le citoyen cherche en vain des juges, où il est renvoyé de juridictions en juridictions, sentant le droit blessé, multipliant ses plaintes et ne trouvant nul écho, les griefs s'accumulent, et, tandis que chez quelques-uns la colère éclate, la plupart se lassent d'une campagne inutile ; l'énervement et le sentiment de l'impuissance préparent le découragement et le propagent. Dans la crise que traversent les peuples modernes, et particulièrement la France, il est très nécessaire, je dirai plus, il est d'une absolue urgence, de relever les courages et de faire comprendre au citoyen ce qu'il peut tirer des lois. Faciliter aux plaignants l'accès de la justice, c'est peut-être l'œuvre la plus démocratique qui puisse être accomplie, et c'est une de celles dont les élus de la démocratie ont le moins de souci.

Le droit, dans son principe, est une force abstraite. Pour se développer, se répandre et s'emparer de l'âme des hommes, il lui faut une forme sensible. Cette forme, c'est le libre accès du prétoire ;

ce sont les sanctions visibles. S'il n'y avait pas eu de juges à Berlin, est-ce que le meunier de Sans-Souci aurait eu le sentiment de son droit ? Berryer, demandant, en 1852, des juges pour châtier une violation de la propriété, s'écriait : *Forum et jus* ! Lorsque nous mesurons le rude chemin à parcourir pour obtenir justice, quand nous voyons méconnues la liberté individuelle et l'inviolabilité du domicile, quand nous sentons combien est précaire notre droit de propriété en face des perquisitions et des saisies de lettres à la poste, lorsque nous constatons que toutes les revendications sont paralysées par l'action combinée de lois inextricables interprétées par le Tribunal des conflits, notre premier mouvement est de répéter avec notre grand orateur, le mot de Tacite et de dire aux juges : Donnez-nous audience ! *Forum et jus* ! Nous avons besoin d'aller plus loin, de porter nos regards en avant, de nous élever au-dessus des jurisprudences contestables et des arrêts contradictoires pour appeler de nos vœux le jour où, — à la suite de fécondes études et sous l'impulsion de tous ceux qui respectent le droit, — entrerait en vigueur une législation protectrice, d'une forme claire comme la pensée française, et assurant enfin à la liberté individuelle ce qu'elle n'a jamais connu parmi nous : des garanties.

Notes

1. Il faut consulter les lectures à l'Académie des Sciences morales et politiques de M. Morizot-Thibault, substitut au Tribunal de la Seine, sur l'Habeas corpus français (Comptes rendus de 1903) et l'étude qu'il a consacrée à l'Action du pouvoir sur les magistrats (in-8°, Maresq, 1902). Voyez également : la Liberté individuelle, par M. Henri Coulon, avocat à la Cour d'appel (in-8°, Marchal, 1901). Le projet de loi présenté par M. De Ramel et rapporté par M. Cornudet (de Seine-et-Oise) mériterait toute l'attention du législateur, s'il songeait moins aux passions, et plus aux véritables intérêts du pays (séance du 12 juin 1901).

2. Depuis trois mois, nous voyons sur tout le territoire se faire des expéditions militaires contre des couvents : procureur de la République, juge d'instruction, sous-préfet, commandant de gendarmerie, bataillon d'infanterie, arrivent de nuit devant une abbaye ; les sapeurs du génie attaquent la porte à la hache ou à la dynamite ; on fait le siège du

monastère ; on le prend d'assaut ; on l'envahit et on saisit les religieux à la chapelle. C'est l'exécution pure et simple d'un mandat d'amener lancé par le juge d'instruction contre des religieux, il n'y a pas d'exemple plus frappant de ce que la violence et l'absolu peuvent tirer d'un texte de loi. Les garanties n'ont d'autre but que de limiter l'usage des lois au point où elles deviennent un intolérable abus.

3. Voir notamment les arrêts Coëtlogon, de 1853. Dalloz périodique, 1853.

4. Réquisitoire en date du 18 septembre 1899 (Procédure générale, p. 4). Le procureur général constate que les préfets ont agi en vertu de l'art. 10. Le recours à ce procédé était d'autant plus inutile que, le 12 août, un juge d'instruction de Paris, commis dès le matin, lançait d'autres mandats.

5. Chambre des députés. Séance du 4 novembre 1884. Journal officiel. p. 2202.

6. La commission semble avoir renoncé à poursuivre et à faire voter la révision. Dans le projet spécial en douze articles, rapporté par M. Cornudet le 12 juin 1901, figure l'abolition de l'article 10.

7. M. Mirman propose l'abolition de l'article 10. Chambre des députés : séance du 4 novembre 1901.

8. Voyez la discussion qui a eu lieu à la Société générale des Prisons. M. Puibaraud a dit : « Aujourd'hui, il n'y a pas un seul emploi de l'article 10, en matière de droit commun, qui ne soit suivi immédiatement de la tradition au parquet. » Les magistrats présents n'ont pas contesté le fait (Bulletin 1901, p. 228).

9. Voyez, dans la même discussion, les observations de M. Ribot, qui ont jeté la lumière sur la question. (Bulletin 1901, p. 458.)

10. Voir notre Histoire des États généraux, tome IV, p. 477.

11. De 1808 jusqu'en 1879, il n'y a eu que deux gardes des Sceaux qui aient en l'honneur de faire respecter à Paris la règle de l'interrogatoire dans les vingt-quatre heures : M. Pasquier en 1818, et M. Dufaure, d'accord avec M. Albert Gigot, en 1878.

12. Telle a été l'émotion produite dans le Midi par les perquisitions abusives que, dans sa séance du 30 juin, la Chambre vient de voter l'urgence sur une proposition de M. De Castelnau ayant pour objet d'interdire toute visite domiciliaire avant l'interrogatoire de l'inculpé, de subordonner

à une ordonnance de la Chambre du conseil toute perquisition chez un tiers non inculpé, et d'entourer de garanties l'apposition de scellés (Journal officiel du 1er juillet, p. 2200).

13.   C'est à un grand magistrat, le président de Belleyme, que notre pays doit la formation de cette jurisprudence et la protection de nos droits. De 1828 à 1855, il n'a cessé d'appliquer et d'étendre l'usage du référé, qui est entré peu à peu dans nos mœurs.

14.   Voyez, sur ce problème qui a été étudié à fond et définitivement résolu, le remarquable rapport de M. Félix Lacoin (Bulletin de la Société générale des Prisons, 1901, p. 1176).

La liberté électorale[1]

Dire qu'en notre constitution tout pouvoir découle de l'élection est une vérité banale et ce n'est pas à coup sûr au commencement de l'année 1906 qu'elle peut être mise en doute.

Mais il ne suffit pas que l'attention publique se porte sur les destinées que réservent à la France de demain les mystères du scrutin : il faut agir à tous les degrés et sous toutes les formes. Pendant que la préparation des élections s'accomplit sur place par un travail persévérant, il est un autre genre d'action qui s'impose.

En attendant que la lutte soit ouverte, il faut se demander si elle sera loyale. C'est à atteindre ce but que tout doit être subordonné. A quoi sert le courage, si les épées sont inégales ? Que vaut la supériorité du joueur, si les cartes sont biseautées ? Il faut donc, avant tout, que les instruments du combat ne prêtent pas au soupçon. Ici, le législateur a un devoir à accomplir. Par une singulière rencontre, ce sont les partis qui aiment à le voir intervenir à tout propos, qui se plaisent à l'arrêter en matière électorale ; si on les écoutait, on croirait que notre législation a tout prévu, qu'elle ne mérite aucun amendement. Il n'y a pas de jugement plus faux ; on ne doit pas se lasser de répéter que toute fraude qui réussit a pour auteurs des hommes passionnés et pour complices des lois impuissantes.

Nous croyons utile de rappeler les responsabilités, de voir le mal qu'ont accompli les ardeurs des partis, et le peu qu'a jusqu'ici tenté l'autorité publique pour les contenir et les réprimer.

Quand nous aurons mesuré les faits qui la mettent en péril, la liberté électorale nous apparaîtra plus nettement. Les moyens employés pour l'étouffer feront ressortir en pleine lumière les garanties qui peuvent la défendre.

I

En remontant jusqu'aux premiers temps qui ont suivi la Charte de 1814, il serait facile de montrer que toutes les élections se ressemblent. Il vaut mieux nous borner aux exemples que nous fournit, depuis un demi-siècle, le suffrage universel. Tantôt libre, tantôt asservi, jamais organisé, le suffrage universel a traversé les crises les plus violentes. A regarder tour à tour l'Empire, les gouvernements de partis, la démocratie, leurs excès et leurs fautes, un observateur superficiel serait tenté de croire que les maladies de notre régime électoral sont d'origine diverse. En examinant de près les faits, il s'apercevrait qu'un élément vicieux altère seul tout le mécanisme : la candidature officielle ayant la centralisation administrative et la corruption pour instruments.

En relisant les mémorables vérifications de pouvoirs qui ont suivi les élections générales de 1863 ou celles de 1869, l'impression est la même qu'en écoutant les débats de 1898 ou de 1902. Dans toute élection en France, il y a un fait qui domine : l'intervention des fonctionnaires au profit d'un parti. La mission de celui qui est investi d'une part de la puissance publique est d'assurer l'ordre, il doit à ses administrés la justice, c'est-à-dire l'impartialité. Combien il en est loin lorsqu'il s'agit du scrutin électoral ! Les plus audacieux le faussent ouvertement, les plus adroits agissent sur les consciences, tous se vantent, comme du premier titre à la reconnaissance du ministre, d'être habiles « à savoir faire les élections. » Les récompenses sont à ce prix : c'est le mérite supérieur du préfet, et nul d'entre eux ne s'en cache. Tel est le fait précis, indéniable, d'où tout découle. Suivant les circonstances, la pression est plus ou moins forte. Plus faible dans les temps calmes, elle devient très vive quand se développe la lutte des partis. Par un oubli complet de son rôle, le gouvernement descend dans l'arène, prend part à la mêlée, use de toutes ses forces. Cela s'appelait sous l'Empire « sauver la société. » Les mêmes disent aujourd'hui qu'ils « sauvent la République. » Ce sacrifice au salut de tous, qui était à Rome, il y a vingt-cinq siècles, la loi suprême, revient dans la bouche de nos fonctionnaires comme un dernier argument qui dispense de tout scrupule.

Sous la constitution de 1852, le système fonctionnait avec une précision absolue : parmi les candidats, il en était un qui recevait l'investiture ; il était déclaré « candidat officiel. » Son nom, suivi de cette désignation, jouissait du monopole de l'affiche blanche ; le préfet l'escortait, le présentait partout ; les maires, qui étaient tous nommés par décret ou arrêté préfectoral, agissaient pour lui, transmettant aux gardes champêtres, facteurs et buralistes, les ordres qu'ils avaient reçus et donnant ainsi à tous les degrés l'exemple d'une discipline qui a soumis pendant dix-huit ans à un mot d'ordre le vote des campagnes. Toute velléité d'opposition était suspecte, tout acte d'indépendance était tenu pour un commencement de rébellion, et comme les hommes, qu'ils aient ou non une fonction publique, sont également sensibles à l'amour-propre et à l'ambition, lorsqu'un maire, voulant faire sa cour au préfet, voyait dans sa commune quelque ébranlement de mauvais augure, il imitait, souvent sans beaucoup de tact, ce qu'il avait vu faire au-dessus de lui. De proche en proche, les circulaires déjà violentes de M. de Persigny changeaient de ton ; parmi les sous-ordres se multipliaient les excès de zèle. En lisant la déclaration de guerre partie de la place Beauvau, les inférieurs se croyaient tout permis. Cette licence se prolongea pendant tout l'Empire, fertile en incidents de toutes sortes dans les régions où les ardeurs du soleil s'ajoutent aux ardeurs politiques, mais laissant partout le souvenir plus ou moins effacé de pratiques mauvaises.

Lorsqu'une coutume est dans le sens des défauts d'une race, elle y pénètre et la corrompt en un espace fort court. Si on observe bien la France, tout au moins ses masses rurales, on découvre qu'elle n'a été au XIXe siècle ni royaliste, ni impérialiste, ni républicaine, mais ne se souciant en politique que de ses intérêts actuels et, comme ils lui paraissaient tous représentés par le gouvernement, s'attachant passionnément à ce gouvernement et à celui qui en était, au chef-lieu, le délégué. L'influence du préfet, loin de décroître, a trouvé dans le service-militaire universel un regain de force, tandis que les décorations nouvelles, le Mérite agricole, les palmes, les médailles, lui apportaient toutes les recrues de la vanité. Si on ajoute à cette action, gouvernementale, et opérant dans le même sens, les comités occultes qui recueillent les délations, donnent les mots d'ordre, surveillent les douteux, dressent les listes et préparent les manifestations plus ou moins spontanées de l'opinion, on aura l'ensemble des rouages qui marchent lentement en temps ordinaire et que l'approche des élections mettra en mouvement avec une puissance presque irrésistible.

Quarante années nous séparent des affiches blanches, et la candidature officielle n'a perdu que son étiquette. L'abus survit avec toutes ses conséquences quand les ministres vont, fort à propos, faire des tournées, accompagnés des futurs députés, lorsque préfets, secrétaires généraux et sous-préfets portent les croix et médailles dues aux recommandations du candidat, distribuent les faveurs, promettent des congés de moissons aux militaires, favorisent les œuvres d'initiative dues au député et se font gloire de les refuser au candidat d'opposition, lorsque toutes les lois d'encouragement à l'agriculture, à la mutualité, à l'épargne, au crédit agricole, aux assurances contre la grêle, contre la mortalité des animaux deviennent tour à tour l'objet de primes politiques. Qu'on ne s'y trompe pas : depuis quelques années, le nombre des faveurs dont dispose le pouvoir s'est considérablement étendu ; les Chambres s'en sont mêlées : les députés n'ont pas hésité à voter toutes sortes de subventions, sachant bien qu'ils frappaient une monnaie électorale.

Tout ceci n'est que le prélude des fraudes qui vicient directement les élections [2]. Nous avons parlé des abus d'influence parce qu'ils préparent en quelque sorte les abus les plus graves : ils altèrent la pureté des consciences, les abaissent à une foule de capitulations de détail, les habituent à se vendre, leur enseignent la corruption et les moyens d'en user.

II

La bonne tenue des listes électorales est, dans l'état actuel, la première garantie du droit de l'électeur. La loi a déclaré solennellement que les listes étaient permanentes et qu'elles seraient soumises à une révision annuelle. Cette révision donne lieu à une série de formalités qui doivent s'accomplir en janvier de chaque année. Annoncée à grand fracas dans les villes par une série d'affiches invitant les électeurs à vérifier leur inscription, cette révision est aussi bruyante que vaine ; elle est, suivant les lieux, une œuvre bureaucratique sans portée, ou bien un moyen de faciliter les actes les plus coupables. L'incurie suffit d'ailleurs à préparer la fraude ; le maire s'abstient de rayer les électeurs décédés ou ayant quitté la commune ; personne ne réclamant leur radiation, des cartes électorales sont dressées et remises le jour du scrutin à des hommes, prêts à tout faire qui courent de bureau en bureau votant aux diverses sections. Partout où une municipalité cherche à altérer l'élection, se rencontre le même procédé. Il n'est pas un maire suspect qui ne laisse s'accumuler un fond de liste d'où il tirera autant d'électeurs fictifs. Ce genre de fraude est plus facile dans les grandes villes [3] ; il y a tel chef-lieu de département où plusieurs milliers de faux électeurs votent de la sorte. A Lyon, une ou deux circonscriptions ont été l'objet d'une épuration ; un Comité s'est formé pour l'assainissement des listes : une lettre recommandée a été adressée à chaque électeur inscrit ; dès que la lettre revenait avec la mention « inconnu », une demande en radiation était adressée à la mairie ; mais si l'œuvre était longue, le temps imparti aux réclamations était court ; il fallait un dévouement exceptionnel pour triompher en vingt jours de la mauvaise volonté des bureaux.

Ce n'est pas la seule fraude à laquelle donne lieu la tenue des listes électorales. On a vu des centaines d'électeurs retranchés sans motifs par des maires, prêts à payer d'audace en cas de réclamation et sachant d'ailleurs que le citoyen lésé n'oserait pas les poursuivre [4]. Avec la révision limitée à un court délai en janvier, avec les listes intangibles à dater du 31 mars, les maires qui agissent de la sorte sont presque assurés de l'impunité et tout à fait certains du succès de leur fraude pendant au moins une année. Ajoutez à ce fait coupable les additions irrégulières que le même maire n'a pas manqué de faire, et il sera facile de comprendre comment la majorité peut être changée en quelques semaines. Le malheur veut que les prétextes abondent : pour un secrétaire de mairie bien stylé par son chef, il n'est que trop aisé de noter une absence, un déménagement, un voyage d'un adversaire pour le rayer et de choisir parmi les journaliers des environs, parmi les travailleurs de passage, les amis qui feront triompher tel ou tel candidat. N'avons-nous pas vu des travaux publics rassemblant pour un canal ou un chemin de fer des équipes d'ouvriers et modifiant comme par enchantement l'opinion d'une commune [5] ?

Contre de tels coups d'arbitraire, que peut l'électeur ? que peut le candidat ? Ils interpellent le maire : le maire coupable se tait, le préfet laisse faire. A quel tribunal s'adresser ? A qui en appeler du pouvoir politique qui rit de ces bagatelles, valide le député et se moque du candidat battu ? Il faut trouver des juges qui dépouillent de leur masque ceux qui commettent ces délits, il faut introduire dans la loi des dispositions qui assurent le respect absolu de la liste, fondement du droit électoral.

George Picot

III

Les préliminaires sont achevés : le jour de l'élection est arrivé ; on est réuni dans la salle de la mairie. Le maire, apportant à la lutte toutes les passions de son parti, a convoqué des affidés qui composent avec lui le bureau électoral : il est décidé à prendre tous les moyens pour faire triompher son candidat. Que va-t-il faire pendant cette journée décisive pour altérer le scrutin ? Il ne s'agit pas ici d'un tableau de fantaisie : chaque allégation, chaque fait se trouve relevé dans un pourvoi ; les conseils de préfecture, le Conseil d'État ont été saisis de protestations sans nombre qui attestent l'insuffisance scandaleuse de la loi.

Maître du bureau électoral, à l'abri de toute critique, il dispose la salle de manière à éviter le contrôle des électeurs : au début des opérations, ils ne seront pas admis à vérifier l'urne, ils ne pourront circuler autour de la table ; ils seront introduits un à un dans la salle où ils trouveront les bulletins d'un seul candidat. Cet isolement solennel n'est troublé que par la présence du garde champêtre obéissant au moindre signe du maire. A ce silence fait pour intimider, à ce tête-à-tête propre à faire trembler les poltrons et tout au moins à déterminer les irrésolus [6], vont succéder, dans les contrées les plus agitées, les scènes de violence.

Tantôt le maire use, à la fin de la séance, des cartes non retirées, fait émarger les noms par un scrutateur et introduit dans l'urne autant de bulletins, tantôt il fait venir de faux électeurs qui votent avec les cartes distribuées d'électeurs absents ou décédés. Si aucune des manœuvres n'a pu réussir, si la majorité paraît échapper, il reste aux audacieux une dernière ressource : la bagarre finale. Elle s'est produite depuis quelques années sous diverses formes, mais le point de départ est le même. La salle du vote se remplit peu à peu, le dépouillement commence, la foule devient bruyante, puis houleuse, les propos s'enveniment, le tapage croît, le président du bureau essaye de se faire entendre ; sa voix est couverte, il déclare son autorité méconnue, fait appel à la force publique et ordonne l'évacuation de la salle. Si les gendarmes sont maîtres de la foule, le maire sera maître du scrutin et le dépouillement s'achèvera sans autre garantie que la force. Si les trois ou quatre gendarmes présents sont impuissants, la table sera renversée, les lumières éteintes et l'urne brisée proclamera mieux que tout tribunal la nullité du scrutin. Triste comédie qui s'est renouvelée depuis quelques années sans qu'aucune répression, sans qu'un seul exemple de responsabilité ait satisfait la morale publique ! Aux yeux de qui la nullité d'une telle élection prononcée quelques mois plus tard paraîtra-t-elle un châtiment ? Combien de faits de ce genre depuis vingt ans ? est-il un seul maire qui ait été condamné [7] ?

Poursuivons notre enquête ; suivons les dernières opérations ; supposons que les présidens de bureaux électoraux aient fidèlement accompli leur tâche, que le dépouillement se soit terminé sans scandale, que les listes d'émargement aient été bien tenues ; les pièces sont envoyées de la mairie à la préfecture. La commission de recensement commence son œuvre : si elle est fidèle à la loi, c'est un contrôle assez simple et la vérification d'additions faites à la hâte le soir du scrutin ; mais si la passion s'en mêle, les résultats de l'élection peuvent être en quelques heures entièrement bouleversés. Voici le procédé le plus fréquemment employé : les bulletins nuls et douteux sont annexés aux procès-verbaux de chaque commune. La Commission de recensement n'excède assurément pas ses pouvoirs en restituant à tel ou tel candidat les bulletins qu'un doute lui a enlevés. De là à remanier tous les chiffres en déclarant valables les bulletins nuls, en annulant toute une liste d'émargement [8], en augmentent la majorité absolue, il n'y a que la distance qui sépare une conscience nette des manœuvres de politiciens subordonnant les moyens au triomphe final.

C'est ainsi que des candidats d'opposition dont le succès avait été annoncé le soir du scrutin se sont vus, trois jours après, battus de quelques voix par le candidat de la préfecture, proclamé grâce au zèle d'une commission de recensement.

En résumé, ceux qui, possédant le pouvoir municipal et le pouvoir préfectoral, veulent à tout prix faire sortir du scrutin le candidat de leur parti, ont à leur disposition les listes électorales préparées sans contrôle, la police du scrutin sans limites, les recensements sans garanties, et contre des actes coupables viciant sous la forme la plus grave l'origine même de nos pouvoirs publics, la répression, quand elle n'est pas nulle, est énervée ou tardive, la responsabilité n'existe à aucun degré.

George Picot

IV

Avons-nous exagéré le mal ? L'acte d'accusation est-il excessif ? A ceux qui le penseraient, il nous sera permis de répondre en citant M. Thiers discutant, en 1869, les fraudes électorales : « Le scrutin, disait-il, est dans les mains des maires. Me direz-vous que je veux outrager les maires ? Non, messieurs, (*Interruption*) la loi est soupçonneuse, elle est même quelquefois outrageante ; oui, toutes ces précautions sont souvent un outrage, car elles supposent de graves délits. Toute loi a le droit d'être soupçonneuse, car ce n'est qu'à ce prix qu'elle peut être riche en précautions. Eh bien ! quelles sont les précautions prises pour que le scrutin soit complètement respecté [9] ? » Et M. Thiers n'avait pas de peine à démontrer combien elles étaient insuffisantes. Le décret du 2 février 1852 est, par un fait de survivance vraiment étrange, la seule loi organique de celte date qui ait traversé, dans l'ordre politique, l'Assemblée nationale et les huit législatures qui l'ont suivie. Les lacunes de ses prescriptions avaient frappé les Jurisconsultes, mais elles avaient passé inaperçues aux yeux plus indulgents des politiciens. Il fallut l'éclat des fraudes qui se multiplièrent dans une série de départements, il fallut le procès de Toulouse en 1893, et quelques vérifications de pouvoirs dépassant en scandale la commune mesure, pour déterminer les Chambres à voter, peu de temps avant les dernières élections, la loi du 30 mars 1902, qui ressemble plus à une déclaration générale qu'à un texte précis. Formulée en un article, elle a pour but d'atteindre quiconque, par un acte frauduleux, a changé ou tenté de changer le résultat du scrutin. Nous ignorons si elle a été appliquée et il est bien loin de notre pensée de lui en faire un grief, une loi pénale, quand la magistrature est sujette à des défaillances, pouvant agir plus efficacement par la crainte qu'elle inspire que par une application toujours douteuse.

Encore faut-il que la loi réponde aux méfaits qui peuvent être commis. Or, si on veut bien entrer dans le détail de la confection des listes, de leur tenue, des renseignements à prendre, des notifications à faire, des délais à observer, si on calcule à quels minutieux avertissements elle soumet les bureaux des mairies, quelles complications elle impose aux maires de village, si on mesure l'importance des droits politique que met en péril la moindre négligence, on demeure convaincu que la loi est inexécutable.

La liberté électorale

Et, de fait, elle n'est presque pas observée. Le législateur, pris de sévérité, créerait pour l'omission de chaque formalité une sanction pénale très sévère qu'il n'obtiendrait pas plus de résultat. C'est le système qui est radicalement mauvais et qu'il faut complètement modifier.

A côté de certaines lois mal venues, la France en possède d'admirables qui ont fait leurs preuves. Nous avons des modèles à imiter et, cette fois, sans aller chez nos voisins. Lorsque l'état civil fut confié aux 36 000 maires, la hardiesse était grande : elle réussit pleinement. Maires de villages aussi bien que maires des villes, tous prirent l'habitude de tenir les registres avec une exactitude scrupuleuse ; les magistrats du parquet se livrent à une vérification annuelle qui est le meilleur des contrôles, et on peut assurer que ce service compliqué et minutieux réalise tout ce qu'il est permis de souhaiter.

Pourquoi ne pas ajouter aux registres de naissance, de mariage et de décès, un quatrième registre, le registre électoral ? Tenu avec la même rigueur, participant aux mêmes traditions, soumis à l'inspection des magistrats, il deviendrait en peu d'années, comme ses aînés, la source même du droit.

A l'âge de vingt et un ans, en même temps que se forme la liste des enfants nés dans la commune et ayant atteint l'âge du service militaire, le maire dresserait une sorte d'acte de naissance politique. Spontanément, sans attendre une réquisition, il inscrirait cet acte sur le registre électoral. La loi ne demanderait au maire aucune autre initiative. Il serait interdit à l'officier de l'état civil d'opérer sur son registre aucun changement, aucune addition, aucune rature de quelque genre qu'elle fût, sans une sentence du juge de paix. Comment serait-il surpris de cette interdiction ? Le Code civil la lui impose pour les registres d'état civil, en subordonnant toute rectification à un jugement du tribunal. La stabilité de l'acte initial serait pour l'électeur la première des garanties.

Lorsqu'il viendrait à changer de domicile, il s'adresserait au juge de paix ; sur la justification du nouveau domicile, le magistrat rendrait une sentence de radiation et d'inscription qui serait transcrite dans la commune d'origine et dans la nouvelle commune.

Le registre serait dorénavant la matrice électorale. A toute époque de l'année, sur sentence du juge de paix, les rectifications seraient permises. Il n'y aurait plus de période d'intangibilité mettant obstacle dix ou onze mois à l'exercice des droits acquis. Au lieu d'une révision hâtive rendant illusoires les vérifications, tout électeur pourrait à toute époque réclamer son inscription. Tout au plus, dans les semaines qui précèdent les élections, à dater du décret convoquant le collège électoral, les inscriptions seraient-elles suspendues pour permettre d'arrêter la liste. Chaque année, le double du registre serait déposé à la justice de paix, tandis que l'autre double demeurerait à la mairie. Entre le maire et le juge cantonal, sous le contrôle des magistrats du parquet, les registres électoraux mettraient en peu d'années l'ordre dans le déplorable chaos de nos listes d'électeurs. Pour la première fois, le droit de l'électeur français serait garanti.

Lorsque le législateur se décidera à entrer dans cette voie, il devra faire un pas de plus. Les cartes d'électeurs, rédigées en quelques jours, à la veille d'une élection, distribuées de porte en porte par le garde champêtre, revenant au maire qui les voit s'accumuler, sont une tentation pour les malhonnêtes gens ; aux cartes banales, il faudrait substituer un extrait du registre transcrit sur un *livret électoral*, semblable au livret militaire, qui formerait, entre les mains de l'électeur, son titre permanent. C'est en présentant ce livret contenant son signalement et sa signature qu'il serait admis à voter ; c'est à une page du livret que serait apposé le cachet de la mairie attestant qu'à telle date il a usé de son droit civique. La loi militaire a fait entrer dans les mœurs l'usage du livret, et fait comprendre aux citoyens son importance. Le paysan garderait à la meilleure place de son vieux bahut les deux livrets qui serviraient à lui rappeler son double devoir envers la patrie.

L'ensemble de ce système, à la fois simple et pratique, nous était exposé dans ses grandes lignes, il y a un quart de siècle, par un de ceux qui avaient été le plus frappés du vice des listes et de leur révision illusoire. Nous entendons encore M. Dufaure : sa conscience s'indignait en parlant des fraudes électorales ; il tenait à la main les rapports des procureurs généraux, sa voix s'animait en les résumant, il disait qu'il fallait couper le mal dans sa racine, supprimer cet instrument de corruption, enlever les pires tentations aux maires, aller chercher les garanties là où elles peuvent seules exister, en demandant non des services aux bureaux administratifs, mais des sentences aux magistrats ; il appelait de ses vœux le jour où il pourrait présenter et défendre une telle réforme [10].

V

Celui qui a entrepris de connaître à fond l'histoire de nos élections françaises ne peut se défendre d'une surprise. Les vérifications de pouvoirs ont donné lieu, dans nos Chambres, aux discussions les plus vives, les mémoires publiés par les candidats évincés, les discours de leurs amis sont remplis d'allégations très graves ; aucune précision ne manque : électeurs corrompus, pression exercée, falsification de listes, bulletins jetés par paquets dans l'urne, électeurs fictifs votant pour les absents ou les morts, annulation irrégulière des votes, tous les genres de délits électoraux apparaissent attestés par les témoignages écrits et signés les plus formels, et quand, écœuré de ce spectacle d'immoralité électorale, on ouvre un recueil de jurisprudence, un ouvrage de droit pénal, c'est à peine si on note quelques arrêts de justice. Comment expliquer ce silence des juges ? Il a plus d'un motif. Les dispositions pénales sont assurément insuffisantes. Croirait-on que les largesses en temps d'élection peuvent être aussi abondantes, aussi publiques, aussi générales qu'il plaira au candidat, et qu'elles ne tomberont pas sous le coup de la loi, s'il n'est pas prouvé qu'elles ont été faites *sous la condition* de donner ou de procurer un suffrage, que les offres ont été acceptées et qu'elles ont influencé le vote [11] ?

Les juges peuvent donc se dire désarmés ; mais les parquets sont faibles, les poursuites rares, la prescription de trois mois assez courte pour servir d'excuse au ministère public, heureux de répondre aux candidats que les faits sont prescrits. Les candidats eux-mêmes hésitent à user de l'action publique. A l'heure où tout leur effort se porte vers l'invalidation de leur adversaire, ils se tournent vers la Chambre des députés ou vers le Conseil d'État et craignent l'effet désastreux, sur les juges politiques, d'un échec judiciaire. Lacunes de la loi pénale, faiblesse des tribunaux, timidité des plaignants, tout conspire donc à rendre assez rares les arrêts en une matière qui passionne périodiquement la France. Il est temps que, sur ce point comme sur beaucoup d'autres, les mœurs publiques se

George Picot

modifient ; il faut qu'elles préviennent les défaillances et qu'elles les réparent : la liberté d'association doit avant peu enseigner aux électeurs à défendre leur droit et, grâce à elle, la période dans laquelle nous entrons verra des procès qui apprendront aux trop inconscients auteurs des fraudes électorales ce que coûtent des actes tout aussi honteux que le vol ou l'escroquerie, et bien autrement dommageables à la chose publique.

La vraie réforme, c'est de faire prendre au sérieux le droit électoral. Il y a des départements, heureusement en grand nombre, où la moralité est bonne, où la loi est suffisamment observée ; il y a, hélas ! des contrées où l'on se plaît à tourner en dérision toutes les précautions légales, où entre électeurs, municipalités, fonctionnaires de tous ordres, existe une indulgence mutuelle, qui est une véritable complicité. Cette complicité découle de l'identité des opinions. Lorsqu'un parti au pouvoir dans une commune est maître du bureau électoral, lorsque tous ses membres sont animés des mêmes ardeurs, il se produit dans les esprits une excitation qui peut les conduire aux pires excès. Toutes les fraudes ont été accomplies par des bureaux d'élection unanimes : l'évacuation de la salle a permis la consommation de la fraude. Il aurait suffi d'un seul témoin pour la rendre impossible.

Pourquoi chaque candidat n'aurait-il pas un représentant adjoint au bureau ? L'électeur pourvu d'un mandat du candidat assisterait aux opérations de vote avec un titre régulier ; son nom figurerait au procès-verbal ; il aurait le droit de faire consigner ses observations et, dans le cas de tumulte obligeant le président à faire évacuer le public, il devrait demeurer dans la salle avec le bureau. A la fin des opérations, un double du procès-verbal lui serait remis. Cette excellente mesure, votée le 27 octobre 1904 à la Chambre des députés par 521 voix contre 10, a échoué au Sénat le 7 novembre 1905. La discussion a été aussi faible que brève. A la suite d'un débat très complet, la Chambre a maintenu l'ensemble du projet le 24 novembre 1905. Le rapporteur, M. Charles Benoist, a réfuté toutes les objections et démontré définitivement l'utilité de la réforme. Dans les pays qui ont vraiment acquis les mœurs de la liberté, les discussions sont très vives, mais les méthodes sont très franches ; l'ardeur des adversaires n'empêche pas le respect mutuel. Les Belges ont introduit dans les bureaux de vote les témoins ; chaque liste a deux représentants : libéraux, catholiques et socialistes ont ainsi droit de séance autour de la table du scrutin [12] ; leur présence contribue non seulement à la parfaite régularité des opérations, mais elle a le mérite supérieur d'écarter tout soupçon.

Arrivons au vote lui-même, à l'acte qui consacre la liberté de l'électeur et dont toutes les formalités que nous avons énumérées ne sont que les conditions préalables. Comment en assurer la garantie essentielle, c'est-à-dire le secret ? Notre loi se contente de prescrire la préparation du bulletin en dehors de la salle du vote et d'annuler les bulletins dans lesquels les votants se seraient fait connaître. Conformément aux usages de nos lois, le législateur s'est borné à écrire le principe, tandis que les lois étrangères au contraire ont multiplié les détails. Pour assurer le secret, elles n'ont rien négligé : plus le courant démocratique entraînait vers le suffrage populaire et plus on a senti le besoin de protéger l'électeur contre la pression extérieure. Les Anglais qui tenaient jadis au scrutin public, l'ont abandonné, et chacune de leurs lois électorales s'est attachée à entourer le secret de garanties nouvelles. En France, les réformateurs se sont attachés à une seule précaution : frappés des efforts faits par les maires pour reconnaître au toucher, selon la nature du papier, le vote de l'électeur, ils ont réclamé le vote sous enveloppe. Depuis plus de quarante ans, les propositions déposées en ce sens échouent successivement. Pendant ce temps les Belges comme les Hollandais, les Anglais comme les Américains, opéraient une réforme radicale, en ne permettant pas à l'électeur de voter sur un papier de son choix. Un bulletin de vote officiel, imprimé par les soins de l'autorité, et portant les noms de tous les candidats est remis par le président du bureau à l'électeur qui se présente. Le papier officiel, le seul dont on puisse se servir, empêche toute indiscrétion. Une marque tracée par l'électeur indique pour qui il entend voter. Mais comment se défendre des regards ? où trouver une table, un crayon, un abri où on ait la liberté d'user de son indépendance ? La cabine d'isolement a répondu à ce besoin Établie dans toutes les salles de scrutin, avec plus de luxe dans les villes, plus sommairement dans les sections rurales, elle reçoit l'électeur pendant une ou deux minutes. Dans les bureaux plus importants, on en multiplie le nombre. Tout électeur doit s'y rendre, le bulletin de vote ne pouvant recevoir ailleurs la marque décisive. Nos voisins Anglais et Belges se montrent très satisfaits de ce système qui est entré dans les habitudes [13] : les électeurs y trouvent une garantie contre tous les genres de pression : on ne rencontre plus d'électeurs accompagnés jusqu'à la salle du scrutin, surveillés par un chef ou par un camarade. La cabine est le signe visible de l'affranchissement. Lorsqu'on voit le vote de nos grandes assemblées politiques profondément modifié par le scrutin secret, ne convient-il pas de faire un retour sur nous-mêmes ? Nous est-il permis de dédaigner pour les simples citoyens ces précautions, de les tenir pour secondaires ? Avons-nous le droit de déclarer inutile à notre pays ce que l'Angleterre et la Belgique, aussi bien que la démocratie américaine, avec la longue expérience de la liberté politique et de ses corruptions, tiennent pour une garantie protectrice ? Il est permis d'espérer que les élections de 1906 verront l'application de cette réforme votée à deux reprises par la Chambre des députés [14]. L'enveloppe uniforme et l'isolement consacreront l'indépendance de l'électeur. Si on y regarde de près, on s'apercevra que ces mesures peuvent seules prévenir toute fraude au moment de la remise du vote dans l'urne. On a vu tout récemment un maire pris en flagrant délit de substitution d'un bulletin à celui qui était remis par l'électeur. En certaines communes, les électeurs sont persuadés que le maire tantôt ajoute des bulletins [15], tantôt avec un peu d'huile ou de graisse tache le bulletin et prépare ainsi l'annulation du vote. Le jour où l'électeur aura le droit de déposer lui-même son enveloppe dans l'urne [16], toute manœuvre devient impossible.

Le dépouillement du scrutin est de toutes les opérations la plus délicate. Confiée au bureau électoral, elle est accomplie, à la fin d'une longue journée de votes, alors que la fatigue des membres du bureau, l'énervement des électeurs, l'excitation des esprits créent une atmosphère spéciale très peu favorable aux jugements calmes et impartiaux : la foule se presse autour des tables, guettant les premiers résultats. Les électeurs présents sont les plus passionnés, en s'en aperçoit aux moindres incidents ; il suffit d'un bulletin douteux pour qu'en un instant l'émotion gagne l'assistance. Dans les régions agitées, c'est souvent d'un débat de ce genre que naît le tumulte, avant-coureur des violations du scrutin. Dans ce milieu surchauffé où les esprits sont inflammables, le législateur a permis au président du bureau, s'il y a plus de 300 votes à dépouiller, de choisir pour scrutateurs et d'installer aux diverses tables des électeurs sans autre garantie que leur bonne volonté : comment la loi n'y a-t-elle pas pourvu en prescrivant des désignations réfléchies ? La loi belge a pris un parti qui évite tout désordre.

Le président du Bureau et ses collègues ne se livrent en public qu'à un seul travail : l'ouverture de l'urne et la mise sous enveloppe cachetée et scellée des bulletins qui en sont extraits. Ce rangement achevé, ils transportent l'enveloppe au chef-lieu du canton ; les présidents de bureaux se réunissent et commencent le dépouillement en présence des témoins des candidats dont les regards tiennent lieu de la foule absente. Lorsque l'institution des témoins sera entrée dans nos mœurs, quand les électeurs auront compris la valeur de ce contrôle, nous ne doutons pas que le législateur (substitue au tapage d'une salle encombrée le dépouillement en plein calme donnant lieu à une véritable délibération.

Une dernière étape doit, être franchie. La Commission de recensement qui examine les procès-verbaux d'élection, statue sur les «questions douteuses, procède aux additions et proclame le député, est composée actuellement de trois conseillers généraux désignés par le préfet. Une des mesures les plus urgentes est de former une commission dont l'origine et l'autorité constituent une sécurité pour les intérêts qu'il s'agit de défendre [17]. Le Conseil général pourrait désigner un de ses membres et les candidats les quatre autres ; la délibération aurait lieu en présence des témoins des candidats. Une révision faite dans ces conditions par les cinq conseillers généraux ne risquerait d'être ni une source de fraude, ni une simple formalité.

Tel est en effet le double écueil que rencontre une législation électorale, lorsque les passions de partis sont fortes, et que la moralité est faible. On est trop souvent disposé à s'en prendre aux lois, alors que les hommes sont plus coupables que les textes. En aucune matière, il n'est plus vrai de répéter : *Quid leges, sine moribus* ? Si les citoyens étaient vigilants, s'ils veillaient à leurs intérêts, s'ils surveillaient les listes, réclamaient à temps les radiations et les inscriptions, s'ils se dévouaient à faire partie des bureaux électoraux, si, à côté des membres des bureaux se présentaient des gardiens volontaires de l'urne, contrôleurs du vote pour le candidat de leur choix, s'ils relevaient les erreurs, notaient les incidents, exigeaient l'insertion de leurs réclamations dans les procès-verbaux, s'ils se groupaient pour assurer le succès des protestations, leur activité réparerait les lacunes de la loi. C'est leur inertie, leur indifférence qui multiplie les défauts de notre législation. Au lendemain de la révolution, une expression était entrée dans nos lois qui eût mérité de survivre : les « citoyens actifs » étaient ceux sur lesquels était fondée la constitution. Sait-on assez ce que, dans nos élections générales, il y a de citoyens inactifs ? Laissons de côté tout ce qui pourrait être si justement dit, — et si à propos, — sur le devoir en temps d'élections. Ne prenons qu'un fait qui peut se traduire en un chiffre, ce qui est plus simple et ce qui a le mérite d'être irréfutable. Dans les élections générales en France, les abstentions oscillent entre 30 et 40 pour 100. Avions-nous tort de dire que nos concitoyens ne prenaient pas au sérieux le vote ?

Comment les convaincre que l'exercice du droit électoral n'est pas seulement un droit, mais un devoir ? Que de gens, dans notre société, font bon marché de leurs droits ! Mais nous voudrions que les honnêtes gens, ceux qui ont une conscience, qui ont le sentiment élevé de leurs obligations envers eux-mêmes et la patrie, sentissent que l'abstention est la désertion d'un devoir. En présence de tant de défaillances individuelles, nous n'hésitons pas à appeler de nos vœux le jour où le législateur, remaniant la loi électorale, substituera à l'idée de droit, l'idée de fonction. Quoi ! nous sommes condamnés à l'amende si nous ne siégeons pas dans un jury, si nous refusons de nous rendre à la convocation du juge de paix pour l'élection d'un tuteur, et lorsqu'il s'agit de donner un tuteur à la France, nous pourrions nous soustraire à l'appel ! Il suffirait d'une légère amende prononcée par le juge de paix sur le vu de la liste d'émargement pour rappeler l'électeur français à son devoir : les excuses seront admises, mais le caprice ou l'indifférence seront frappés, et peu à peu entrera dans les esprits une notion plus élevée de l'élection et de son rôle dans l'Etat [18]. Si on examine les partis politiques, on constate que jusqu'ici les plus avancés, ceux qui peuplent l'extrême gauche du Parlement ont à un plus haut degré la conscience de leur droit. Enrôlés dans des bataillons disciplinés, ils ne désertent pas et, le jour du combat, ils sont à leur poste. Il faut savoir, en une démocratie, organiser les forces soumises à une idée et prêtes à combattre pour en assurer le triomphe. L'association politique, que toutes nos lois pendant un siècle ont interdite, est aujourd'hui légale. Les Français peuvent au grand jour constituer un parti. Une réforme électorale qui conquiert peu à peu les esprits doit y aider. A la représentation proportionnelle appartient l'avenir. Nous l'appelons de tous nos vœux. D'autres ont ici même défendu le principe [19]. Nous estimons que la liberté électorale ne sera assurée qu'avec le régime de la proportionnalité. Dans plus de la moitié de nos circonscriptions, on sait d'avance quelle est l'opinion qui triomphera. Quel intérêt peut faire sortir aujourd'hui de chez lui l'électeur de la minorité, assuré d'être vaincu ? Songe-t-on que la voix de l'électeur battu est nulle, aussi nulle que si cet électeur était déchu du droit de vote ? A-t-on pensé que dans tel arrondissement, il y a tout un parti qui n'a jamais eu un député représentant sa politique ? Considérée à ce seul point de vue, la représentation proportionnelle, en rendant à chaque citoyen son influence, à chaque parti sa force normale, ne manquera pas de réveiller en notre pays les endormis. Ce sera son bienfait. Elle ranimera les âmes. L'isolement nous tue ; l'association et la proportionnalité nous rendront la vie.

Le découragement est autour de nous la plus mortelle des épidémies. Se dire vaincus, c'est rendre certaine la défaite. « Les nations sont guérissables, » l'Ecriture l'a dit et c'est aux hommes à le prouver. Il ne s'agit pas de lamentations qui ne servent à rien, mais de doléances précises ; il faut qu'à chaque vice de nos lois s'applique un remède spécial, énoncé dans un programme complet digne de frapper tout ce qui pense et de déterminer tous ceux qui ont quelque volonté. Peu importe que des droits soient inscrits dans des textes législatifs, si les citoyens ne peuvent en revendiquer l'exercice. Dans une nation vivante et saine, les lois doivent être des instruments féconds chargés de transmettre la force et la vie. Lorsqu'ils sont inertes et stériles, lorsque les ressorts rouillés laissent passer des produits informes, il faut les changer au plus vite. Laisser les fraudes se perpétuer autour du scrutin et les fonctionnaires les couvrir de leur indulgence, déclarer certains départements incapables de pratiquer sincèrement le vote, en prendre son parti quand on n'en sourit pas, c'est tolérer un péril

George Picot

public. La liberté politique n'existe pas dans une nation qui ne jouit pas de la liberté électorale. Ce n'est pas une affaire de parti, c'est une question de loyauté.

Quel est le député qui oserait rejeter une telle réforme et se porter publiquement le défenseur des fraudes ? Refuser des garanties sans lesquelles la liberté électorale n'est qu'une banale étiquette serait en tout temps une faute ; quelques mois avant la consultation prochaine, ce serait un aveu.

Notes

1. Voyez les Garanties de nos libertés : la liberté individuelle. Revue du 15 juillet 1903.

2. Un projet de loi contre la corruption dans les opérations électorales a été discuté au Sénat le 8 décembre 1905, les 18 et 23 janvier 1906. Il est destiné à combler quelques lacunes de la jurisprudence, mais rien d'efficace ne sera accompli tant que restera impunie la menace partout répétée des agents du gouvernement disant aux électeurs : « Si vous votez pour le candidat qui déplaît au préfet, l'arrondissement n'obtiendra pendant quatre ans, ni faveurs, ni subventions d'aucune sorte.

3. Les fraudes commises à Toulouse ont donné lieu à de longs débats judiciaires qui ont fait connaître les procédés les plus variés. Aucun résumé ne vaut la lecture des journaux de Toulouse du 12 novembre 1893 au 19 mars 1895.

4. Les poursuites seraient-elles suivies d'effet ? La Cour de cassation a jugé que les retranchements opérés volontairement et de mauvaise foi par un maire sur les listes, au moment de la révision, en vue d'empêcher certains électeurs de voter, ne tombaient pas sous le coup de la loi. (Arrêt du 9 novembre 1878. Bull., n° 211.)

5. Voir Un chapitre des Mœurs électorales en France, publié, en 1890, par M. Paul Leroy-Beaulieu, p. 11 et suiv. Il est impossible de lire un acte d'accusation contre les fraudes appuyé de faits plus précis.

6. Sur la clandestinité du vote et les abus de toutes sortes qui en sont la suite, voyez les Mœurs électorales en France au XXe siècle, par M. Pierre Leroy-Beaulieu. Paris, Chaix, 1903.

7. Voyez, entre autres, l'étrange jugement d'acquittement prononcé

par le Tribunal de Lodève du 26 juin 1902, confirmé par la Cour de Montpellier.

8. Une Commission de recensement avait annulé le vote d'une commune parce que la liste d'émargement portait des croix au lieu de parafes. La Cour de cassation a jugé que la décision injustifiable de la Commission ne tombait pas sous le coup de la loi. (Cass., 7 avril 1881. Bull. n° 95.)

9. Discours du 2 avril 1869.

10. Une proposition en ce sens a été déposée par M. Louis Passy, député de l'Eure.

11. Cass., 9 janvier 85 ; Bull., 22. Cour de Toulouse, 2 janvier 1889.

12. Loi électorale belge du 28 juin 1894, art. 165 et 166. Les dispositions relatives aux témoins et aux témoins suppléans sont très précises ; elles montrent l'importance attachée à ce contrôle et mériteront d'être étudiées de près lorsque le législateur français reprendra sérieusement la réforme.

13. Les Allemands ont adopté la cabine et l'enveloppe. (Règlement voté par le Reichstag, 28 avril 1903.) Kn Suisse, plusieurs cantons ont adopté le vote sous enveloppe officielle (Tcssin, 1SS8 ; Neuchatol, 1891 ; Lucerno et Genève, 1892 ; Vaud, 1893). Le compartiment d'isolement est installé à Neuchâtel.

14. Séances du 27 octobre 1904 et du 24 novembre 1905.

15. En vain dira-t-on qu'au moment du dépouillement, les bulletins en sus du nombre des émargements sont retranchés à la fois aux divers candidats. Cette apparente impartialité n'empêche pas que le candidat pour lequel a été commise la fraude n'en profite.

16. Le projet de loi actuellement soumis à une nouvelle délibération du Sénat établit le système des enveloppes (art. 1er) et l'article 3 enlève au président du bureau électoral le droit de toucher à l'enveloppe.

17. Le projet voté par le Sénat, le 7 novembre 1905, confie au Conseil général la nomination directe des trois membres composant la Commission de recensement. Il faut aller plus loin et donner aux candidats le droit de choisir des arbitres.

18. La loi belge a déclaré en 1894 le vote obligatoire. Les abstentions, qui s'élevaient à 16 pour 100 en 1892, sont tombées à 5 pour 100 en 1894 et 6 pour 100 en 1900. (Annuaire statistique de la Belgique, 1904, p. 133.)

George Picot

La peine est une amende de 1 à 3 francs, pouvant être élevée à 25 francs en cas de récidive, sans jamais d'emprisonnement. Une quatrième récidive entraîne une radiation des listes, pendant dix ans, accompagnée d'une incapacité de recevoir aucune nomination, promotion ou distinction quelconque. (Art. 220 et suivants du Code électoral.)

19. Voyez l'étude de M. Charles Benoist sur les Deux Parlementarismes, dans la Revue du 15 janvier 1902 et son rapport du 7 avril 1903 à la Chambre des députés.

ISBN : 978-1539740254

www.ingramcontent.com/pod-product-compliance
Lightning Source LLC
Chambersburg PA
CBHW061449180526
45170CB00004B/1620